Steve Jobs so:

„Tech ist nichts. Glaube an die Menschen.
Sie sind grundsätzlich clever und gut.
Gib ihnen die richtigen Tools, und sie machen großartige Dinge daraus.“

Inhaltsverzeichnis

1 EINLEITUNG 5
Was erwartet Dich in diesem Buch? 6
Was kannst Du nach dem Lesen dieses Buches? 7
Für wen ist dieses Buch geeignet? 8
200% Power mit ChatGPT 11
2 CHATGPT - SO STARTEST DU 19
Wo finde ich ChatGPT? 20
Welche ChatGPT Version ist die richtige für mich? 22
3 SO SPRICHST DU MIT CHATGPT 25
Dein erster Chat! 26
Die perfekte P.R.O.M.P.T.-Methode 31
Wie kann ich mir die P.R.O.M.P.T.-Methode merken? 38
4 PROFI-FUNKTIONEN 43
Antwort-Optionen 44
Einstellungen 45
Sprache 46
ChatGPT individuell konfigurieren 48
Daten analysieren 50
ChatGPT surft im Netz: Browsing the web 58
5 KI BILDER MIT CHATGPT & DALL-E 60
Bilder erstellen durch KI 61
Bilderkennung 67
6 DIE APP FÜRS HANDY 70
7 CHATGPT ERSTE HILFE 73
Lazyness 74
Zensur 74
8 10 ANWENDUNGSBEISPIELE, DIE DU SOFORT NACHMACHEN KANNST 77
So schreibt ChatGPT in deinen persönlichen Stil 78
Lass ChatGPT deinen Tagesablauf planen 80
ChatGPT als Schreibmentor 85
Emails texten 89
PDFs auslesen und zusammenfassen 91

Designs mit ChatGPT verbessern ... 94
ChatGPT Vision effizient und sinnvoll nutzen ... 99
Konsistenter Bildstil mit ChatGPT und DALL-E ... 103
Code erstellen mit ChatGPT ... 106
Unterrichtsplanung mit ChatGPT ... 110
ChatGPT für Excel nutzen ... 114

9 CustomGPT: Dein persönliches ChatGPT ... 118
Schritt-für-Schritt Praxis Beispiel: Instagram-Captions GPT ... 121
Das offizielle CustomGPT zu diesem Buch ... 127

10 ChatGPT Alternativen: Von Copilot bis Gemini ... 131
Copilot von Microsoft ... 133
Google Gemini ... 135
Claude von Anthropic ... 137
Perplexity ... 139
Gegenüberstellung KIs ... 141

11 Mehr als ChatGPT: Die Top 7 KI-Tools ... 143
Video: Fliki ... 144
Audio: ElevenLabs ... 146
Präsentations-KI: Gamma.app ... 148
Website-Builder: Dorik ... 150
Social Media: Taplio ... 152
Automation: Bardeen ... 154
How-To-Guides: guidde ... 156

12 Noch mehr KI-Erfolg ... 158
KI-Tools-Liste ... 159
KI-Newsletter zum Buch ... 160
Buche uns für KI Konferenzen ... 160
Workshops, Schulungen und Seminare ... 160
Individuelles KI-Coaching ... 160

13 Wer hat das hier geschrieben ... 162
Oliver oliver@chatgptstart.de ... 163
Florian florian@chatgptstart.de ... 163

14 Anhang ... 164
Die wichtigsten Begriffe aus der generativen KI erklärt ... 165
Häufig gestellte Fragen / FAQ ... 167
Danke! ... 170

Impressum 171

15 BONUS: DIE 50 BESTEN PRAXIS-PROMPTS 173

Schreiben 175

Marketing 179

Social Media 182

Werbung 185

Vertrieb 189

Produktivität 193

Persönliche Entwicklung & Bildung 197

Ernährung & Kochen 201

Sport & Fitness 206

Spiel & Spaß 210

EINLEITUNG

Was erwartet Dich in diesem Buch?

In diesem Buch erwarten Dich, liebe Leserinnen und Leser, Einblicke, Tipps und Tricks rund um das Thema ChatGPT, die Du direkt umsetzen kannst. Wenn Du Dich je gefragt hast, wie Du ein Spaghetti-Rezept zaubern kannst, das ausschließlich Zutaten aus deinem Kühlschrank verwendet, oder wie Du die perfekte Beschwerde-E-Mail formulierst, ohne dabei den letzten Rest Freundlichkeit zu verlieren, dann bist Du hier genau richtig.

Wir versprechen Dir: In nur drei Tagen wirst Du zum KI-Profi! Wir führen Dich durch die Tiefen und Untiefen von ChatGPT. Von der Einleitung, in der wir Dir versprechen, nicht zu sehr ins Philosophische abzudriften, über die essenziellen Grundlagen – "ChatGPT – So startest Du" – bis hin zu fortgeschrittenen Techniken, mit denen Du dein E-Book schreiben oder Dich auf Gehaltsverhandlungen vorbereiten kannst. Wir zeigen Dir, wie Du 200% Power aus ChatGPT herausholst, ohne dabei einen Kurzschluss zu riskieren.

Aber halt! Bevor Du jetzt denkst, "Das klingt ja alles ganz nett, aber was, wenn ich mehr ein visueller Typ bin?", haben wir auch etwas für Dich. Mit "Bilder mit ChatGPT und Dall-E" tauchst Du in die Welt der KI-generierten Kunst ein. Ja, Du kannst tatsächlich lernen, wie man mit wenigen Klicks ein Bild erschafft, das aussieht, als wäre es für die Titelseite deines nächsten Romans gedacht – oder einfach nur, um deine Freunde zu beeindrucken.

Und für diejenigen unter euch, die gerne mal die Grenzen ausreizen: Wir haben auch einen Abschnitt über die Alternativen zu ChatGPT, falls Du mal Abwechslung brauchst. Von Copilot bis Gemini, wir haben sie alle ausprobiert, damit Du es nicht musst (aber wahrscheinlich trotzdem willst). Du erfährst, wann es sich echt lohnt die anderen Tools zu benutzen.

Und wir lassen Dich nicht eher los, bis Du Dich durch die 50 besten Praxisprompts gearbeitet hast. Du findest sie im Bonus-Kapitel ganz am Ende des Buches.

Kurzum, dieses Buch ist dein Schweizer Taschenmesser für alles, was mit ChatGPT und der faszinierenden Welt der KI zu tun hat. Also mach es Dir bequem, schnapp Dir eine Tasse Kaffee (oder Tee) und tauche ein in das Abenteuer KI. Wer weiß, vielleicht wirst Du am Ende des heutigen Tages schon ein ChatGPT-Profi. Oder zumindest KI-inspiriert.

Übrigens: Ab hier schreiben wir in „Ich“-Form, da jedes Kapitel einer von uns beiden (Olli und Florian) geschrieben hat.

Was kannst Du nach dem Lesen dieses Buches?

Stell Dir vor, Du hättest einen persönlichen Assistenten an Deiner Seite, der Dir buchstäblich dabei hilft, produktiver, kreativer und schlagfertiger zu werden. Einen Alleskönner, der Dir lästige Aufgaben wie Schreiben, Recherchieren oder Planen im Handumdrehen abnimmt. Klingt zu schön, um wahr zu sein? Mit ChatGPT wird es Realität!

Nach dem Lesen dieses Buches bist Du ein waschechter KI-Profi, der ChatGPT kinderleicht als smarten Helferlein für sich arbeiten lässt. Von versierten Prompt-Techniken bis hin zu konkreten Anwendungen in allen erdenklichen Bereichen - hier schlägst Du die Brücke zwischen Theorie und Praxis.

Folgendes wirst Du nach der Lektüre des Buches beherrschen:

- ChatGPT zielgerichtet und effizient für Deine Zwecke einsetzen
- Die richtige Fragetechnik beherrschen, um präzise Ergebnisse zu erhalten
- Perfekte Prompts formulieren, damit ChatGPT genau das liefert, was Du möchtest
- Texte in gewünschtem Stil und Format erstellen lassen
- Kreative Ideen, Konzepte und innovative Lösungen generieren

- Komplexe Informationen zusammenfassen und aufbereiten lassen
- Atemberaubende Inhalte wie Bilder, Grafiken und Illustrationen mit DALL-E erschaffen
- Routineaufgaben automatisieren für maximale Produktivitätssteigerung
- Dein Prompting-Level kontinuierlich verbessern für ein Mehr an Leistungsfähigkeit
- Die Grenzen und ethischen Fallstricke von ChatGPT kennen und verantwortungsvoll damit umgehen

Zusammengefasst: Du wird als smarter KI-Anwender die neuen Technologien voll für Dich nutzen.

Übrigens: Melde Dich gratis für den Newsletter zum Buch an unter www.chatgptstart.de. Damit bekommst Du jeden Monat 10 neue Praxis-Prompts und die besten Updates der KI-Welt.

SCAN ME

← Dies ist ein QR-Code. Scanne ihn mit der Fotokamera Deines Handys. Der Code führt Dich direkt zu der Webseite (hier: www.chatgptstart.de). Du musst nix mehr abtippen. Wir haben alle Links im Buch als QR-Code dargestellt, damit Du die Beispiele schnell selbst ausprobieren kann. Halte also Dein Handy bereit! 😊

Für wen ist dieses Buch geeignet?

Lass uns das mal klarstellen: Dieses Buch ist für alle geschrieben, die neugierig auf die faszinierende Welt von ChatGPT sind! Egal ob Du als Berufstätige/r nach einem produktivitätssteigernden Helferlein suchst, oder ob Du als Privatperson einfach Deinen Horizont in Sachen künstliche Intelligenz erweitern möchtest - hier wirst Du fündig.

Fangen wir mal mit den Berufstätigen an. Für Euch ist ChatGPT der Jackpot! Stell Dir vor, Du hättest einen supersmarten Assistenten, der Dir stundenlanges Gefrickel an lästigen Aufgaben abnimmt. Ob nun Texterstellung, Datenanalyse, Codesupport oder kreative Ideengenerierung - mit den richtigen Prompts kurbelt ChatGPT wie von Geisterhand die Ergebnisse in Deinem Sinne aus.

Ob als **Marketingfrau**, die knackige Kampagnen-Slogans braucht, **Projektmanager** mit Terminkalender-Wahnsinn oder **Bürokaufmann**, der mal wieder haufenweise Serienmail-Texte verfassen muss: ChatGPT macht es spielend leicht! Langweiliger Schreibkram ist jetzt kinderleicht und Du sparst massig Zeit für die wirklich wichtigen Dinge.

Auch für **Kreativschaffende und Soloselbstständige** ist die KI-Software eine wahre Erleichterung. Bist Du Grafikdesigner und hängst mal wieder bei der Entwicklung dezenter Schriftlogos fest? Künstler mit akuter Ideenblockade? Oder Influencer, der einen viralen Content-Knaller braucht? Kein Problem, ChatGPT spuckt coole Vorschläge aus, die Deine eigene Kreativität beflügeln.

In **Lehrberufen** können die Text-Generatoren ebenfalls ordentlich Arbeit abnehmen. Verständliche Unterrichtsmaterialien, automatisch zusammengefasste Stoffinhalte, Multiple-Choice-Fragen für Tests - alles kein Problem für deinen KI-Assistenten. Selbst komplexe Themen lassen sich mit ChatGPTs Hilfe einfach und schülerfreundlich erklären.

Auch **Journalisten, Autoren und Übersetzer** dürfen sich freuen: ChatGPT turnt endlich mal zum gefragten Recherche-Helfer und Ideengeber auf. Stell knifflige Fachfragen und überprüfe dein Hintergrundwissen auf Herz und Nieren. Oder lass Dir von der Software Narrative, Charakterprofile und Plot-Wendungen vorschlagen. Innovation, die es in sich hat!

Natürlich macht sich der eine oder andere totale **Technik-Neuling** Sorgen, ob er mit so einer intelligenten Software überhaupt klarkommt. Aber keine Panik! In diesem Buch gehen wir der Sache auf den Grund und finden gemeinsam heraus, wie man ChatGPT kinderleicht für sich arbeiten lässt. Mit verständlichen Beispielen, Step-by-Step-Guides und einer ordentlichen Portion Humor bringen wir Licht ins KI-Dunkel.

Es ist klar, dass beim Umgang mit solch einer leistungsfähigen Software einige Dinge zu beachten sind. Plagiatsfallen, Sicherheitsrisiken, ethische Grauzonen - dem gehen wir auf den Grund und entwickeln Gegenstrategien. Denn am Ende profitieren wir alle von den Möglichkeiten, die uns ChatGPT eröffnet - ob im Business oder im Privatleben.

Also ran an die KI-Butze! Erfrischend innovativ, ermutigend, verständlich und mit einem Augenzwinkern erklärt dieses Buch, wie Du ChatGPT als deinen persönlichen Coach und Helferlein für Dich nutzt. Try it - you'll like it! Versprochen.

FÜR WEN IST DIESES BUCH GEEIGNET?

200% POWER MIT CHATGPT

Was genau ist denn jetzt mit ChatGPT möglich?

In diesem Kapitel siehst Du 6 Power-Beispiele, die Dir einen ersten Überblick geben was ChatGPT kann. Rezepterstellung, automatische Internet-Recherche und Aufbereitung, E-Books Inhalte erstellen, imaginäre Personen eine Unterhaltung führen lassen und vieles weitere mehr.

Ich hoffe, dass Du von den Power-Beispielen begeistert bist. In den dann folgenden Kapiteln zeige ich Dir die dahinterliegenden Konzepte und ChatGPT-Funktionen. Mein Ziel: Am Ende kannst Du ChatGPT selbst so verwenden und ähnlich gute Power-Ergebnisse bekommen.

Spaghetti-Rezept mit Zutaten, die ich im Kühlschrank habe

Was hast Du im Haus? Was kannst Du damit kochen? ChatGPT liefert Dir das passende Rezept mit einem passenden Foto

Du

Ich habe im Kühlschrank Paprika, Eier, Pilze, Milch, Sardellen, Butter, Apfelsaft, Gouda, frische Hefe. Außerdem im Regal Gewürze, Zwiebeln, Spaghetti, Mehl, Tomatenmark, Reis und Haferflocken. Was kann ich kochen? Bitte gib mir ein Rezept, das für Kinder geeignet ist, inkl. Kalorienangabe und erstelle ein Bild, wie das Ergebnis aussehen wird.

ChatGPT

Mit den Zutaten, die du zur Verfügung hast, könntest du ein kinderfreundliches Gericht zubereiten, das sowohl nahrhaft als auch lecker ist: **Spaghetti mit Pilz-Tomatensoße**. Dieses Rezept ist einfach, schmackhaft und kann nach Belieben angepasst werden, um den Geschmack deiner Kinder zu treffen. Hier ist, wie du es machen kannst, inklusive einer groben Schätzung der Kalorien.

Spaghetti mit Pilz-Tomatensoße

Zutaten:

- 250g Spaghetti
- 200g Pilze, gesäubert und geschnitten
- 1 Zwiebel, gewürfelt
- 2 EL Tomatenmark
- 2 EL Butter
- 100g Gouda, gerieben
- Gewürze: Salz, Pfeffer, eine Prise Zucker, Oregano
- Optional: ein paar Sardellen, fein gehackt, für zusätzlichen Geschmack
- 200ml Wasser oder Brühe

Kalorienangabe (ca.):

- Spaghetti: 350 kcal pro 100g
- Pilze: 22 kcal pro 100g
- Butter: 717 kcal pro 100g
- Gouda: 356 kcal pro 100g

Wie ist das Wetter in Europa?

„Bitte recherchiere die aktuellen Temperaturen in Celsius in 5 Großstädten Europas und stelle alles in einer Balkengrafik geordnet von kalt nach heiß dar."

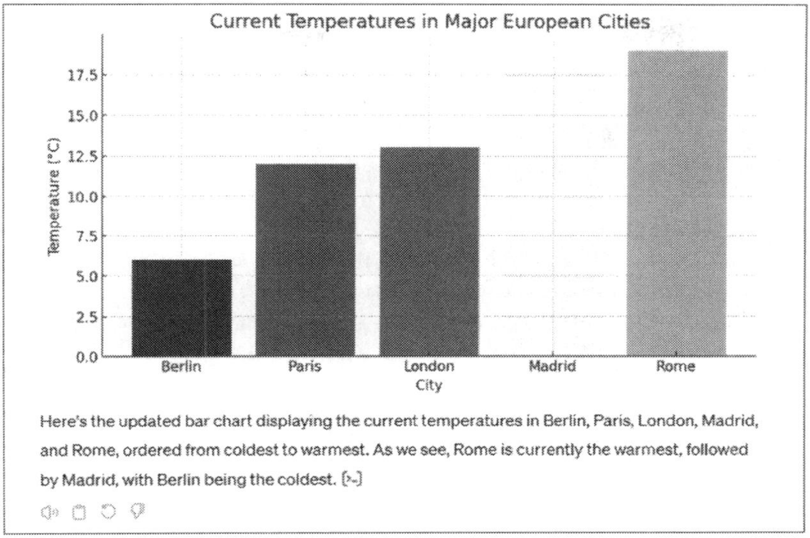

Anmerkung: Im ersten Schritt hatet ChatGPT mir nur 3 Städte genannt. Da hilft dann einfach nochmal fragen. Damit Du genau siehst, was ich getippt habe, sieh es Dir selbst an https://chat.openai.com/share/f9c64258-020a-40c1-a6f0-e719dfa6b506. Nach Klick auf den Link öffnet sich meine „Unterhaltung" mit ChatGPT genau so, wie ich es getippt habe. Alle Textantworten von ChatGPT siehst Du auch. Achtung: Die Grafiken werden nicht gespeichert. Und damit hast Du nebenbei schon eine Funktion von ChatGPT kennengelernt: „Chats teilen".

SCAN ME

E-Book Erstellung

Du willst ein E-Book schreiben? Wie soll die Struktur aussehen? Dein Thema ist Leben im Weltraum, es soll ein Kinderbuch sein, ChatGPT hilft Dir und erstellt die Kapitel samt Inhalten:

Du

Du bist erfahrener Astrophysiker und Evolutionsbiologe. Bitte erstelle eine Struktur für eine ebook. 100 Seiten mit 5 Kapiteln. Thema: Leben in anderen Universen. Zielgruppe sind Kinder 5 - 7 Jahre alt.

‹ 2/2 ›

ChatGPT

Das Erstellen eines E-Books für Kinder im Alter von 5 bis 7 Jahren zum Thema "Leben in anderen Universen" ist eine spannende Herausforderung. Das Ziel ist, komplexe wissenschaftliche Konzepte auf eine unterhaltsame, verständliche und altersgerechte Weise zu vermitteln. Hier ist ein Vorschlag für die Struktur des E-Books, bestehend aus fünf Kapiteln:

Titel: "Weltraumabenteuer: Auf der Suche nach Freunden in anderen Universen"

Vorwort

* Eine kurze Einführung in das Buch, seine Ziele und was die jungen Leserinnen und Leser erwarten können.

Kapitel 1: Unsere eigene große Welt

* **Inhalt**: Einführung in das Universum, unser Sonnensystem und die Erde als bewohnbaren Planeten. Verwendung einfacher Vergleiche und Metaphern, um die Größe und Vielfalt des Universums zu veranschaulichen.
* **Ziele**: Verständnis dafür entwickeln, wie groß das Universum ist und warum die Erde für uns so besonders ist.

Kapitel 2: Die große Frage - Sind wir allein?

* **Inhalt**: Erkundung der Möglichkeiten von Leben auf anderen Planeten. Einführung in die Idee, dass es viele andere Sonnensysteme gibt, die Planeten wie die Erde haben könnten.
* **Ziele**: Anregung der Vorstellungskraft der Kinder darüber, wie Leben anderswo aussehen könnte und warum Wissenschaftler nach ihm suchen.

↓

Kapitel 3: Wie suchen wir nach unseren kosmischen Nachbarn?

Coaching / Vorbereitung Gehaltsverhandlung

Morgen steht eine Gehaltsverhandlung an. Wie bekommst Du mehr Gehalt? Was sind die besten Argumente? Und, wie kannst Du es einmal durchspielen? ChatGPT ist Dein Coach und Rollenspielpartner. Und vielleicht Deine Hilfe für mehr Gehalt!

Du

Ich habe morgen eine Gehaltverhandlung mit meinem Chef. Bitte agiere als Coach und hilf mir dass ich morgen erfolgreich mehr Gehalt verhandele. Lass uns das Gespräch simulieren. Frage mich vorher noch 3 Fragen, damit es eine gutes Training ist.

‹ 2/2 ›

The Negotiator

Natürlich, ich helfe dir gerne, dich auf deine Gehaltsverhandlung vorzubereiten. Um das Training so effektiv wie möglich zu gestalten, würde ich dir zunächst ein paar Fragen stellen:

Aktuelles Gehalt und Zielgehalt: Was ist dein aktuelles Gehalt und welches Gehalt möchtest du erreichen?

Leistungen und Erfolge: Kannst du spezifische Leistungen oder Erfolge nennen, die du in deiner jetzigen Position erbracht hast, welche die Grundlage für deine Forderung nach mehr Gehalt darstellen?

Marktstandard und Vergleichswerte: Hast du Informationen darüber, wie dein gewünschtes Gehalt im Vergleich zum Branchendurchschnitt oder zu den Gehältern bei ähnlichen Positionen in anderen Unternehmen steht?

Sobald du mir diese Informationen gibst, können wir ein realistisches Szenario durchspielen.

‹ 2/2 ›

Lass Dir von ChatGPT Deine Speisen auswählen

Du kennst das vielleicht. Du sitzt im Restaurant und suchst auf der Speisekarte nach dem richtigen Gericht für Dich. Vielleicht hast Du sogar eine spezielle Ernährungsweise oder bestimmte Unverträglichkeiten.
Also: ChatGPT kann helfen. Einfach ein Foto der Speisekarte machen und ChatGPT nach einem Vorschlag für Dich fragen.

Sie

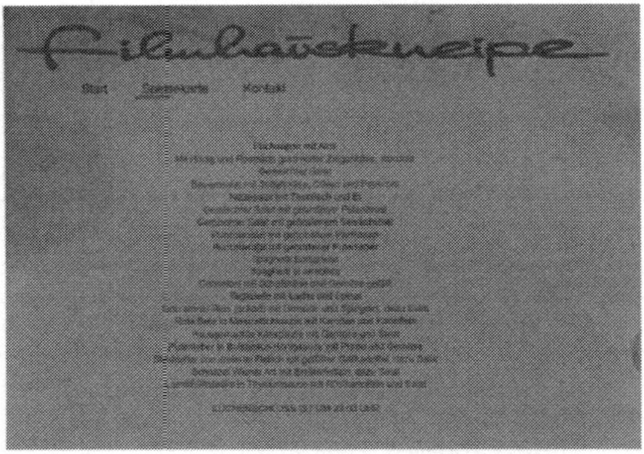

Welche der Gerichte kann ich als Vegetarier essen?

ChatGPT

Als Vegetarier solltest du Gerichte vermeiden, die Fleisch, Fisch oder Produkte enthalten, die aus diesen gewonnen werden. Hier sind die Optionen aus dem Menü, die möglicherweise vegetarisch sind oder leicht angepasst werden könnten:

1. **Fischsuppe mit Aioli** - Nicht vegetarisch wegen des Fischs.
2. **Mit Honig und Rosmarin gratinierter Ziegenkäse, Rucola** - Vegetarisch.
3. **Gemischter Salat** - Vegetarisch.
4. **Bauernsalat mit Schafskäse, Oliven und Peperoni** - Vegetarisch.
5. **Nizzasalat mit Thunfisch und Ei** - Nicht vegetarisch wegen des Thunfischs.
6. **Gemischter Salat mit gebratener Putenbrust** - Nicht vegetarisch wegen der Putenbrust.
7. **Gemischter Salat mit gebratenem Seelachsfilet** - Nicht vegetarisch wegen des Seelachsfilets.

Trump redet mit Ernie

ChatGPT kann einfach alle möglichen Rollen einnehmen und so agieren. Das ist lustig, aber kann auch sehr hilfreich sein. ChatGPT kann für Dich Rollen einnehmen wie Coach, Computer-Experte, Literaturwissenschaftler, Dein Kunde, Dein Nachbar, Dein Familienmitglied oder oder oder....

Sie

Du bist Trump, agiere und spreche wie er. Du redest mit Ernie aus der Sesamstraße. Versuche ihn zu überzeugen im Gespräch, dass es gut ist, einen Apfelbaum zu pflanzen. Er will aber nicht, er mag lieber Kekse. Es soll lustig sein.

‹ 2/2 ›

ChatGPT

Trump: Ernie, ich muss dir sagen, und ich sage es dir ganz ehrlich, Apfelbäume sind phänomenal, absolut fantastisch. Jeder sollte einen haben, wirklich!

Ernie: Aber, Mr. Trump, ich mag doch viel lieber Kekse. Warum sollte ich einen Baum pflanzen?

Trump: Sieh mal, Ernie, das Pflanzen eines Apfelbaums – und das weiß niemand besser als ich – ist nicht nur gut für die Umwelt, es ist auch sehr klug. Du bekommst frische Äpfel, und wer weiß, vielleicht gibt es bald Apfelkekse!

Ernie: Apfelkekse? Das klingt interessant... Aber ich brauche meine Kekse, die sind lecker!

CHATGPT - SO STARTEST DU

Wo finde ich ChatGPT?

Du kannst ChatGPT sowohl in deinem Browser als auch als App auf deinem Mobiltelefon nutzen.

Möchtest Du ChatGPT auf deinem PC / Laptop nutzen, so rufst Du einfach die folgende URL (Internetadresse) in dem Browser deiner Wahl auf: https://chatgpt.com.

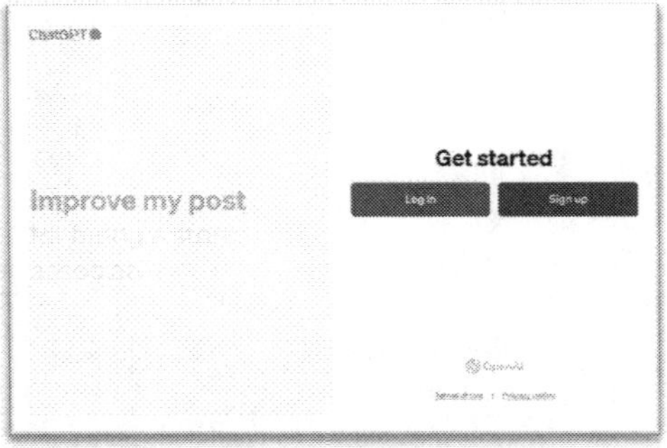

Um ChatGPT auf deinem Mobiltelefon zu nutzen, lade einfach die offizielle App im **Apple iTunes Store**

SCAN ME

oder **Google Play Store**

SCAN ME

Falls Du noch keinen ChatGPT-Account hast, kannst Du Dich schnell und einfach registrieren oder ChatGPT ohne Anmeldung testen. Alles, was Du für die Registrierung benötigst, ist eine E-Mail-Adresse. Folge einfach dem Registrierungsprozess und vergiss nicht, deine Anmeldung zu bestätigen.

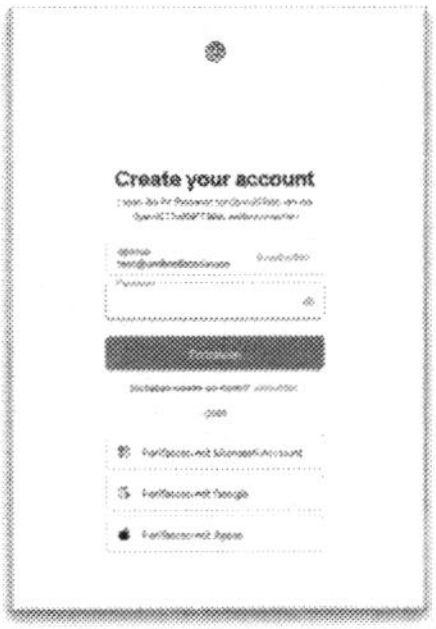

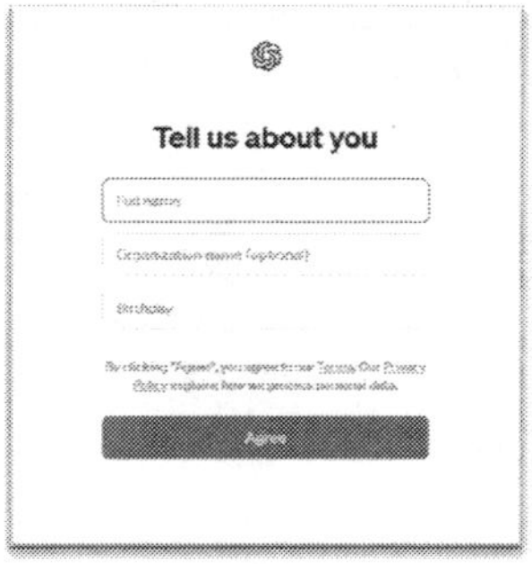

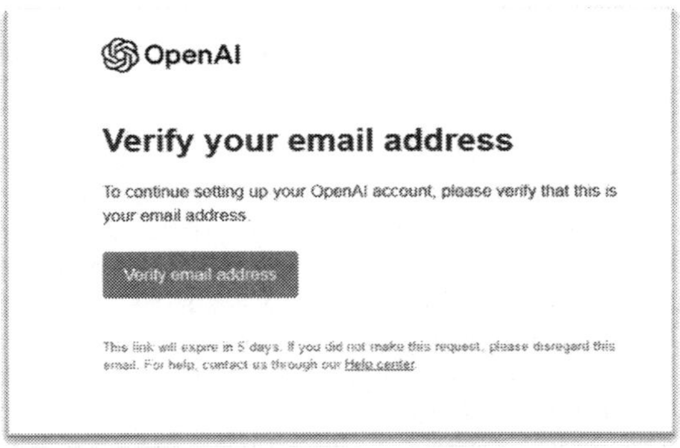

Du bist jetzt startklar! 🚀

Welche ChatGPT Version ist die richtige für mich?

OpenAI bietet vier verschiedene ChatGPT-Abos an. Welches ist für Dich das richtige? Lass und einen Blick auf die Versionen werfen:

Free: Das Einstiegsmodell
Für wen geeignet: Für den ersten Einstieg. Bitte beachte, dass die GPT-Version 3.5. schon beeindruckend ist, jedoch bei komplexeren Prompts und Chats häufig nicht gut performed.

Unsere Empfehlung

PLUS: Das Profi-Modell
Für wen geeignet: Du nutzt ChatGPT mehrmals die Woche, auch für anspruchsvolle Aufgaben? Du möchtest die Bilderkennung nutzen? Dateien hochladen? Bilder erstellen? Besonders gute Texte erstellen lassen? Dann empfehle ich Dir ChatGPT Plus auf Basis der leistungsstarken GPT-4 und ChatGPT-4o Versionen.

Team: Für kleinere Teams und Heavy-User
Für wen geeignet: Teams ab 2 Personen / Lizenzen und Heavy-User

Enterprise: Die große Unternehmenslösung
Für wen geeignet: Firmen mit mind. 150 Lizenzen, die ChatGPT flächendeckend einführen. Hier sind auch Modelle mit lokalem und DSGVO-konformen (EU) Hosting von ChatGPT möglich.

Übrigens: Am 13. Mai 2024 hat OpenAI sein neues Modell ChatGPT-4o (o steht für omni, das verdeutlichen soll, dass dieses Modell die verschiedene Modalitäten wie Text, Bild (Vision), Audio und Sprache vereint) vorgestellt, das über verbesserte Funktionalitäten verfügt und bisher dem Plus-Plan vorbehaltene ChatGPT-Profi-Features (siehe dazu unser Kapitel „Profi-Funktionen“) wie Data Analyst, Dateiuploads, Nutzung von GPTs und weitere Funktionen nun auch für Nutzer des Free Plans zugänglich macht. Allerdings gibt es für die ChatGPT-4o Version im Free Plan niedrigere Nutzungslimits. Details dazu findest du in unserer Tabelle.

ChatGPT-4o vereint somit alle Funktionalitäten wie Sprache, Audio, Text und Bild (Vision) in einem Modell und kann somit nahezu in Echtzeit antworten und agieren. Zu guter Letzt gibt es nun auch eine Desktop-App (vorerst nur für Apple), mit der man unter anderem seinen Bildschirm als Input teilen und darauf reagieren kann.

In dieser Tabelle habe ich für Dich alle Versionen zusammengestellt:

Version	Free	Plus	Team	Enterprise
Sprachmodell	Chat-GPT-3.5 oder ChatGPT-4o	ChatGPT-3.5, ChatGPT-4 oder ChatGPT-4o	ChatGPT-3.5, ChatGPT-4 oder ChatGPT-4o	ChatGPT-3.5, ChatGPT-4 oder ChatGPT-4o
Kontextfenster	8k	32k	32k	128k
Webzugriff	3.5: Nein 4o: Ja	Ja	Ja	Ja
Bildgenerierung mittels DALL-E	Nein	Ja	Ja	Ja
ChatGPT Vision	3.5: Nein 4o: Ja	Ja	Ja	Ja
ChatGPT Data Analysis	3.5: Nein 4o: Ja	Ja	Ja	Ja
Custom GPTs	3.5: Nein 4o: Nutzung: Ja, Erstellung: Nein	Ja	Ja	Ja
Sonstiges	Nutzung von ChatGPT-4o ist auf 18 Nachrichten pro 3 Stunden limitiert	Nutzung von ChatGPT-4 ist auf 40 Nachrichten pro 3 Stunden limitiert	Team Workspace, Admin Controls, höhere ChatGPT-4 Nutzungslimits	Single-Sign-On, Priority-Support und Admin Controls
Kosten	Kostenfrei	$20 pro Account	$25 pro Account, mind. 2 Accounts	Individuell auf Anfrage

Wenn Dir einige der Wörter aus der Tabelle noch nicht geläufig sind: Nach Lektüre der nächsten Kapitel wirst Du die Begriffe einordnen können, versprochen.

Profi-Tipp Nimm unbedingt ChatGPT PLUS, wenn Du wirklich mit ChatGPT durchstarten willst. Erst damit kannst Du das ganze Potenzial heben und ausprobieren. Das Abo ist ohne Risiko, Du kannst monatlich kündigen. Der Betrag wird per Kreditkarte in € umgerechnet.

WELCHE CHATGPT VERSION IST DIE RICHTIGE FÜR MICH?

SO SPRICHST DU MIT CHATGPT

Dein erster Chat!

Sprich mit der KI. Sprich mit ChatGPT. Schreibe Deinen Text einfach in dieses kleine Eingabefeld (ich habe es hier mit dem gelben Pfeil markiert). Und das, was Du dort reinschreiben, ist Dein **Prompt**. Der Prompt ist die Anweisung an ChatGPT, was es tun soll.

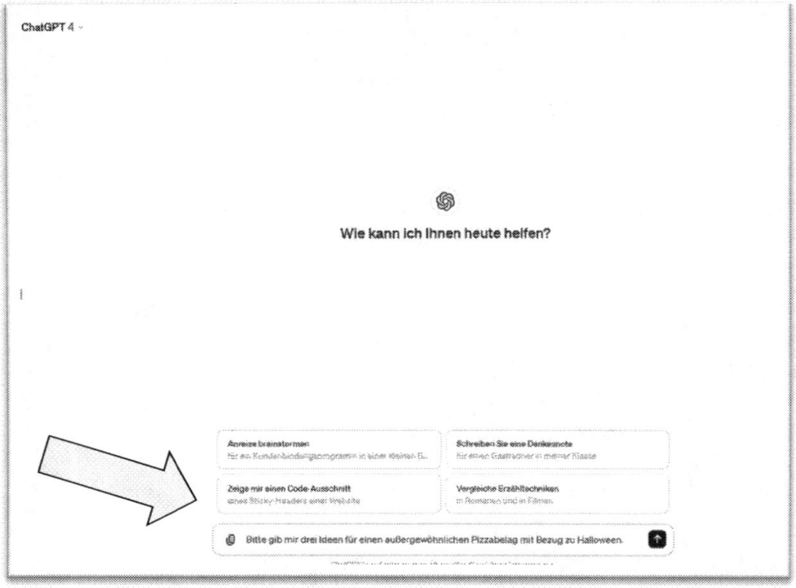

In diesem Beispiel frage ich ChatGPT mit dem Prompt: "Bitte gib mir drei Ideen für einen außergewöhnlichen Pizzabelag mit Bezug zu Halloween.".

```
Bitte gib mir drei Ideen für einen außergewöhnlichen
Pizzabelag mit Bezug zu Halloween
```

In diesem Buch sind alle Prompts in dieser Art formatiert, damit Du genau weißt, dass dies ein Prompt ist.

Nach dem Eintippen sendest Du den Text ab, mit Klick auf den Pfeil rechts.

Sofort antwortet ChatGPT:

Du
Bitte gib mir drei Ideen für einen außergewöhnlichen Pizzabelag mit Bezug zu Halloween.

ChatGPT
Für eine Halloween-Pizza können außergewöhnliche und gruselige Beläge verwendet werden, die sowohl visuell ansprechend als auch geschmacklich interessant sind. Hier sind drei Ideen:

1. **"Spinnenweben und Spinnen" Pizza:** Benutzen Sie Mozzarella, um ein Spinnweben-Muster über die Pizza zu ziehen. Kleine schwarze Oliven können halbiert und in Spinnenformen gelegt werden, um die Illusion von Spinnen auf der Pizza zu erzeugen. Als Grundbelag könnte eine dunkle Sauce wie eine schwarze Knoblauchsauce verwendet werden, um den gruseligen Effekt zu verstärken.
2. **"Geister und Kürbisse" Pizza:** Verwenden Sie Käse, um kleine Geisterformen zu kreieren, indem Sie kleine Stücke Mozzarella in Geisterform schneiden und mit Pfefferkörnern oder kleinen Stücken von schwarzen Oliven für die Augen belegen. Für die Kürbisse können Sie Karotten oder Paprika in kleine Kürbisformen schneiden und als Belag hinzufügen. Eine rote Sauce bildet einen schönen Kontrast und bringt die Farben zum Leuchten.
3. **"Friedhof" Pizza:** Kreieren Sie einen essbaren Friedhof auf Ihrer Pizza, indem Sie kleine Grabsteine aus knusprig gebackenem Brot oder dick geschnittenen Pilzen machen. Grüner Pesto oder Spinat kann als Grasbasis dienen. Zusätzlich können Sie Mozzarella-Gespenster und rote Paprika oder Tomaten als blutige Akzente hinzufügen. Kleine Zweige von Rosmarin oder andere Kräuter können als düstere Bäume dienen.

Jede dieser Ideen lässt sich mit Ihren Lieblingspizza-Zutaten anpassen und kombinieren, um eine köstliche und gleichzeitig gruselige Halloween-Pizza zu kreieren.

Du kannst Dir diese Unterhaltung direkt bei ChatGPT anzeigen lassen:

SCAN ME

→ https://chat.openai.com/share/3d3926d7-690e-4a95-ac74-e55419e8af03

Klick mal drauf und schau es Dir an. Du kannst die Unterhaltung direkt weiterführen (wenn Du möchtest und Interesse an der Spinnweben-Pizza hast).

Das ist übrigens ein weiteres Feature von ChatGPT: Du kannst Deine Unterhaltungen mit anderen teilen. Klick oben rechts im Chat-Fenster auf den Button.

Probier es aus!

Dein Prompt kann kurz sein (*"Erzähle mir einen Witz"*). Also, in unserer Darstellung dann

```
Erzähle mir einen Witz.
```

Dein Prompt kann länger sein:

```
Erzähle mir einen skurrilen Witz von einem Nashorn
auf dem Mond im Stil von Bastian Pastewka
```

Dein Prompt kann auch richtig lang sein:

```
Als lebenserfahrenes Nashorn, liefere eine
humorvolle Betrachtung über die Ironie des Lebens für
Nashörner, die gerne über den tieferen Sinn des
Lebens nachdenken.
Es soll in Form einer kurzen Geschichte mit 3
Zwischenüberschriften sein. Es soll eine
überraschende Wendung geben. Der Ton soll
nachdenklich und humorvoll sein. Bitte benutze pro
Satz einen Emoji.
```

Und weißt Du was? Du kannst auch ChatGPT sagen, dass es wie ein italienischer Koch Pizzabäcker antworten soll (mit einigen italienischen Vokabeln in der Antwort), außerdem sollen die Rezept-Ideen Emoji enthalten und je 2 Sätze lang sein. Moment, ich packe das mal in einen Prompt:

```
Bitte antworte wie ein italienischer Pizzabäcker
mit einigen italienischen Vokabeln in der Antwort.
Gib mir drei Ideen für einen außergewöhnlichen
Pizzabelag mit Bezug zu Halloween. Außerdem sollen
die Rezept-Ideen Emoji enthalten und je 2 Sätze lang
sein.
```

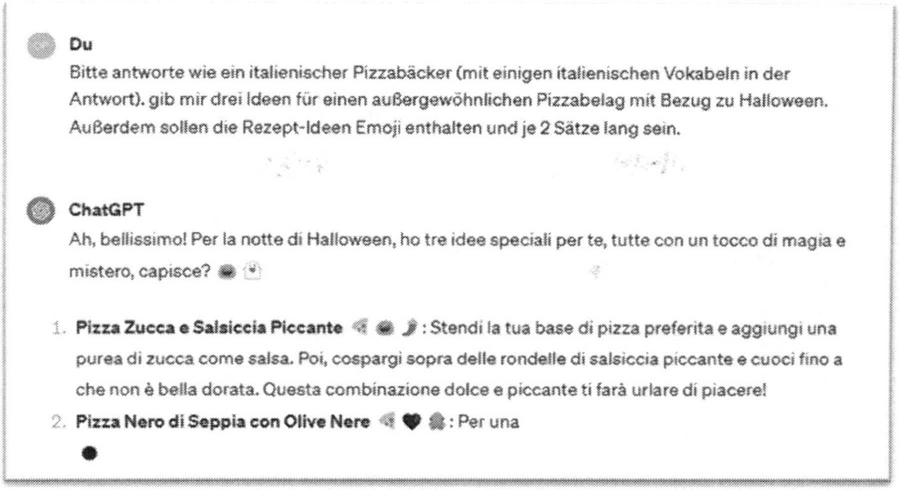
Du

Bitte antworte wie ein italienischer Pizzabäcker (mit einigen italienischen Vokabeln in der Antwort). gib mir drei Ideen für einen außergewöhnlichen Pizzabelag mit Bezug zu Halloween. Außerdem sollen die Rezept-Ideen Emoji enthalten und je 2 Sätze lang sein.

ChatGPT

Ah, bellissimo! Per la notte di Halloween, ho tre idee speciali per te, tutte con un tocco di magia e mistero, capisce?

1. **Pizza Zucca e Salsiccia Piccante**: Stendi la tua base di pizza preferita e aggiungi una purea di zucca come salsa. Poi, cospargi sopra delle rondelle di salsiccia piccante e cuoci fino a che non è bella dorata. Questa combinazione dolce e piccante ti farà urlare di piacere!
2. **Pizza Nero di Seppia con Olive Nere**: Per una

Oh. Das klappt so nicht. Die Antwort ist jetzt auf Italienisch. Was tun? Kein Problem. Du kannst Deinen Prompt einfach anpassen und neu absenden.

Profi-Tipp Benutze das Stift-Symbol unter Deinem vorherigen Prompt. Dann kannst Du ihn anpassen und editieren, ohne ihn ganz neu schreiben zu müssen.

So habe ich den Prompt geändert und ausprobiert.

```
Bitte antworte im Stil eines Pizzabäckers (komplett
auf Deutsch, aber ab und zu mit einfachen
italienischen Vokabeln angereichert in der Antwort).
Gib mir drei Ideen für einen außergewöhnlichen
Pizzabelag mit Bezug zu Halloween. Außerdem sollen
die Rezept-Ideen Emoji enthalten und je 2 Sätze lang
sein.
```

Jetzt klappt es.

Hier findest Du den Chat:

SCAN ME

https://chat.openai.com/share/69596634-4b8c-463f-8680-a108f304cd44

Wie findest Du das Ergebnis jetzt?

Profi-Tipp Probier es *nochmal* aus! Und *nochmal*. Und wenn das Ergebnis nicht gefällt, schreibe Deinen Prompt um, bis Dir das Ergebnis passt. So bekommst Du ein Gefühl fürs Prompting und für ChatGPT. Die gute Nachricht: Du kannst nichts kaputt machen.

Die perfekte P.R.O.M.P.T.-Methode

Na, hast Du jetzt schon einiges ausprobiert und gepromptet? Falls ja, darfst Du hier weiterlesen. :-)

Damit Du immer perfekte Ergebnisse von ChatGPT bekommst (naja, fast immer...) gibt es ein paar Tipps und Tricks. Je besser Dein Prompt, umso besser die Antwort von ChatGPT. Wie sieht also der perfekte Prompt aus? Im Grunde geht es darum, dass Du das Ergebnis, das Du erwartest, möglichst genau und klar beschreibst. Ich habe das P.R.O.M.P.T.-Framework 2024 entwickelt, damit Du schnell sehr gut Ergebnisse erzielst.

So sieh das **P.R.O.M.P.T.** Framework aus. Dabei steht jeder Buchstabe in P.R.O.M.P.T. für einen Prompt-Bestandteil...

P. = Promptziel

R. = Rolle

O. = Output

M. = Mensch / Zielgruppe

P. = Präsentation

T. = Ton

Beschreibe in Deinem Prompt, was das Ziel für Dich ist. Und gib der KI eine "Rolle", aus deren Sicht und Expertise es antworten soll. Beschreibe, was genau der Output sein soll. Gib ChatGPT einen Hinweis, für welchen Mensch oder Zielgruppe das Ergebnis maßgeschneidert sein soll. Gib vor, wie die Antwort präsentiert werden soll. Und gib an, in welchem Ton ChatGPT antworten soll. Das ist es.

Schauen wir uns das **P.R.O.M.P.T.**-Konzept Schritt für Schritt mit Beispielen an:

<Projekt> <Rolle> <Output> <Mensch> <Präsentation> <Ton>

Prompt-Ziel

Beschreibung: Was ist das übergeordnete Ziel Deines Prompts? Worum geht es Dir?
Inspiration: Textzusammenfassung, Brainstorming, Gesprächspartner, Übersetzung, interaktives Quiz, Skript-Erstellung, E-Mail-Beantworter, Werbetext-Erstellung, Social-Media-Erstellung, ...

Konkrete Praxisbeispiele für ein Prompt-Ziel:

Ideen für Halloween-Pizza oder

Vergleich zweier Texte oder

Erstelle eine ansprechende Produktbeschreibung, die die Vorteile eines neuen Bio-Protein Energy-Drinks hervorhebt und zum Kauf animiert.

Rolle

Beschreibung: Gib der KI eine Rolle. Die Ergebnisse werden deutlich besser und zielgerichteter, wenn Du ChatGPT eine Expertenrolle zuweist.

Inspiration: Experte für SEO, Mathe-Lehrer, Familien-Coach, Kunstexperte oder auch 5-jähriges Kind, Zeitreise-Berater, Napoleon oder Yoda.

Konkrete Praxisbeispiele für eine Rolle:

Du bist ein erfahrener italienischer Pizzabäcker oder

Du bist ein Experte für französische Literatur des 19. Jahrhunderts oder

Deine Rolle ist ein erfahrener Online-Marketing-Experte mit einem Fokus auf nachhaltige und gesunde Lebensstile.

Output

Beschreibung: Was genau soll das Ergebnis sein?

Inspiration: 300 Zeichen, 5 Kapitel, freundliche E-Mail-Antwort, mit Anrede, Begründung, Abschlussformel, Liebesbrief, Rezeptbuch, Skript für TV-Show, lange Sätze, Bulletpoints, auf Englisch/Deutsch/Suaheli, mit Emojis, …

Konkrete Praxisbeispiele für einen Output:

3 Ideen für Pizzabelag in Anlehnung an Halloween oder

Ein Vergleich der 2 Texte vor dem Hintergrund der Industrialisierung oder

Die Produktbeschreibung soll die USPs (Unique Selling Points) des Bio-Protein Energy-Drinks gegenüber traditionellen Energy-Drinks betont.

Mensch

Beschreibung: Für welchen Menschen soll das Ergebnis sein? Wer ist die Zielgruppe? Für wen soll die Antwort maßgeschneidert werden?
Inspiration: 5-jähriges Kind, Berufsanfänger, Eltern mit Kleinkindern, Mitarbeiter im Marketing von deutschen Großunternehmen…

Konkrete Praxis-Beispiele für einen Menschen/Zielgruppe:

Kinder zwischen 5 und 10 in Hamburg oder

Leser einer intellektuellen Literaturzeitschrift oder

Zielgruppe sind Fitness-begeisterte Jugendliche und junge Erwachsene zwischen 15 und 25 Jahren, die Wert auf Nachhaltigkeit und gesunde Ernährung legen.

Präsentation

Beschreibung: In welchem Format sollen die Ergebnisse präsentiert werden? Gib hier vor, wie Du es Dir idealerweise vorstellst.

Inspiration: Z. B. eine Tabelle, in Bullet-Points, mit Emojis, nur in Großbuchstaben, HTML, Python-Code, als PDF, max. 200 Wörter, mit Zwischenüberschriften, auf Plattdeutsch.

Konkrete Praxis-Beispiele für eine Präsentationsform:

Drei Bulletpoints mit je 2 Sätzen und Emojis oder

Elaborierter Text mit komplexen Sätzen und 1.000 Wörtern als Word-Datei oder

Die Produktbeschreibung soll bestehen aus einer auffallenden Überschrift, drei informativen Sätzen mit passenden Emojis und fünf relevanten Hashtags, um die Aufmerksamkeit zu maximieren.

Ton

Beschreibung: Welchen Ton und welche Tonalität soll die Antwort haben? In welchem Sprachstil soll sie geschrieben sein?

Inspiration: Belehrender Ton, witzig, freundlich, hilfsbereit, im Stil von Elon Musk, im Stil der „für Dummies"-Bücher, wie die Bibel…

Konkrete Praxis-Beispiele für den Ton:

> *Sprache eines erfahrenen und witzigen Pizzabäckers mit ab und zu einfachen italienischen Ausdrücken* oder
>
> *anspruchsvolle intellektuelle Sprache* oder
>
> *Der Ton soll locker und motivierend sein, mit einer Mischung aus Fachjargon und allgemeinverständlicher Sprache, um die Zielgruppe direkt und wirkungsvoll anzusprechen.*

Fertig

So, jetzt hast Du alles zusammen. Hier der Prompt für die Erstellung einer Produktbeschreibung für einen Bioprotein-Drink. Er ist komplett ausgearbeitet mit Prompt-Ziel, Rolle, Output, Mensch, Präsentation und Ton:

Produktbeschreibung für ein neuen Bioprotein Energy-Drink

- P (Prompt-Ziel): Erstelle eine ansprechende Produktbeschreibung, die die Vorteile eines neuen Bio-Protein Energy-Drinks hervorhebt und zum Kauf animiert.
- R (Rolle): Deine Rolle ist ein erfahrener Online-Marketing-Experte mit einem Fokus auf nachhaltige und gesunde Lebensstile.
- O (Output): Die Produktbeschreibung soll die USPs (Unique Selling Points) des Bio-Protein Energy-Drinks gegenüber traditionellen Energy-Drinks betonen.
- M (Mensch): Zielgruppe sind Fitness-begeisterte Jugendliche und junge Erwachsene zwischen 15 und 25 Jahren, die Wert auf Nachhaltigkeit und gesunde Ernährung legen.
- P (Präsentation): Die Produktbeschreibung soll bestehen aus einer auffallenden Überschrift, drei informativen Sätzen mit passenden Emojis und fünf relevanten Hashtags, um die Aufmerksamkeit zu maximieren.
- T (Ton): Der Ton soll locker und motivierend sein, mit einer Mischung aus Fachjargon und allgemeinverständlicher Sprache, um die Zielgruppe direkt und wirkungsvoll anzusprechen.

Wie gibt man diese Prompts nun ein? Na, einfach alles zusammen in ChatGPT:

Erstelle eine ansprechende Produktbeschreibung, die die Vorteile eines neuen Bio-Protein Energy-Drinks hervorhebt und zum Kauf animiert. Deine Rolle ist ein erfahrener Online-Marketing-Experte mit einem Fokus auf nachhaltige und gesunde Lebensstile. Die Produktbeschreibung soll die USPs (Unique Selling Points) des Bio-Protein Energy-Drinks gegenüber traditionellen Energy-Drinks betonen. Zielgruppe sind Fitness-begeisterte Jugendliche und junge Erwachsene zwischen 15 und 25 Jahren, die Wert auf Nachhaltigkeit und gesunde Ernährung legen. Die Produktbeschreibung soll bestehen aus einer auffallenden Überschrift, drei informativen Sätzen mit passenden Emojis und fünf relevanten Hashtags, um die Aufmerksamkeit zu maximieren. Der Ton soll locker und motivierend sein, mit einer Mischung aus Fachjargon und allgemeinverständlicher Sprache, um die Zielgruppe direkt und wirkungsvoll anzusprechen.

Hier ist die Antwort von ChatGPT:

ChatGPT

Überschrift: **Booste Dein Workout auf natürliche Art mit unserem Bio-Protein Energy-Drink!**

Beschreibung:

1. **Erreiche neue Höhen** in Deinem Training - unser Energy-Drink ist vollgepackt mit hochwertigen Bio-Proteinen und natürlichen Energieboostern, die Dir helfen, länger und härter zu trainieren, ohne künstliche Zusätze.
2. **Sag Ja zur Nachhaltigkeit** - wir verwenden nur die besten biologisch angebauten Zutaten, um nicht nur Deine Performance, sondern auch die des Planeten zu steigern.
3. **Fühl den Unterschied** - mit jeder Schluck unseres Energy-Drinks unterstützt Du Deinen Körper mit essenziellen Nährstoffen und förderst gleichzeitig eine gesunde Ernährung und einen aktiven Lebensstil.

Hashtags:

- #BioEnergyBoost
- #NatürlichTrainieren
- #NachhaltigFit
- #ProteinPower
- #GesundLeben

Dieser Mix aus Motivation, nachhaltiger Energie und einer Prise Humor spricht direkt das Herz unserer umweltbewussten und fitnessbegeisterten Zielgruppe an. Mit dieser Beschreibung heben wir uns deutlich von konventionellen Produkten ab und vermitteln die Botschaft, dass Gesundheit und Nachhaltigkeit Hand in Hand gehen.

Das ist ja ganz gut geworden. Allerdings war die erste Version nicht zufriedenstellend, die Ansprache passte mir nicht, die Emojis waren in den Hashtags. Ich habe mir mit dem Pfeil unter der Antwort eine neue Version kreieren lassen. Diese 2. Version passte dann.

Diese Beispiele folgen der P.R.O.M.P.T.-Methode, indem sie klare Ziele setzen, spezifische Rollen zuweisen, den gewünschten Output definieren, die Zielgruppe berücksichtigen, die Art der Präsentation vorgeben und den angemessenen Ton für die Kommunikation festlegen. Probiere die Methode aus! Hoch und runter! Die P.R.O.M.P.T.-Methode kann Dir helfen, einen guten Prompt zu erstellen. Variiere sie und finde Deinen Stil.

OpenAI gibt (auf Englisch) auch gute Tipps und Ansätze zum Prompting (https://platform.openai.com/docs/guides/prompt-engineering).

Finde Deinen eigenen Weg im Prompting, um zu perfekten Ergebnissen zu kommen.

Profi-Tipp Die P.R.O.M.P.T.-Methode funktioniert bei fast allen Künstlichen Intelligenzen (LLMs) sehr gut. Selbst bei der Bilderstellung per KI kann sie Dir helfen.

Wie kann ich mir die P.R.O.M.P.T.-Methode merken?

Downloade Dir das gratis ChatGPT CheatSheet

Ich habe ein "Cheat-Sheet" erstellt, so dass Du die Kern-Elemente dieser Power-Methode immer zur Hand hast. Meine Erfahrung: Nutze das CheatSheet als Spickzettel und probiere viel aus. Irgendwann ist das Prompting nach der P.R.O.M.P.T.-Methode vermutlich in Dein Fleisch und Blut übergegangen.

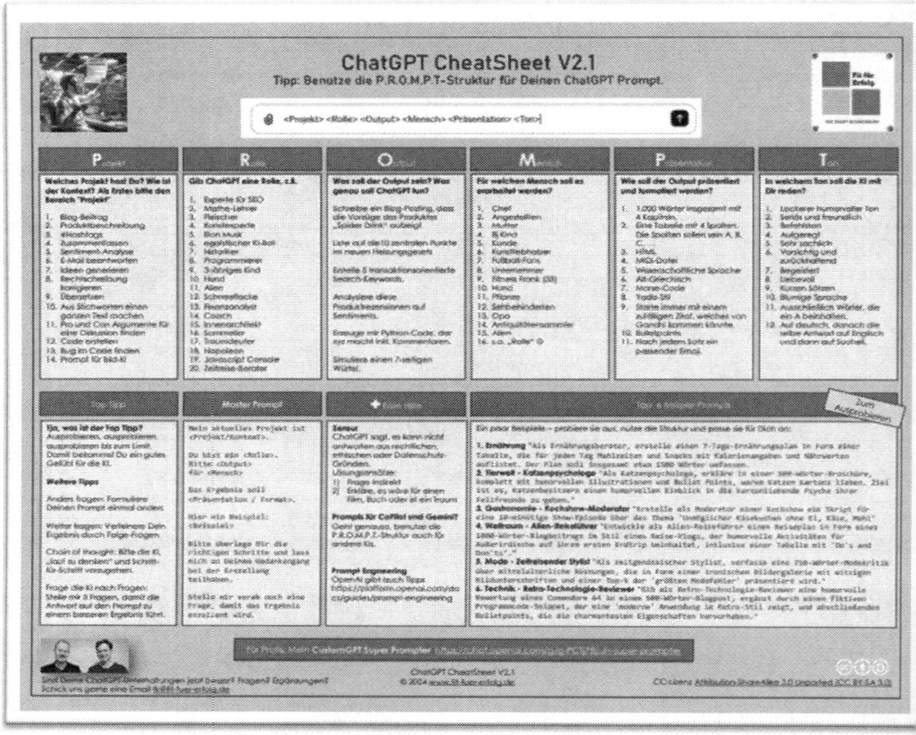

Das CheatSheet kannst Du Dir als Buchleser gratis runterladen, hier:

SCAN ME

https://bit.ly/chatgpt-cheatsheet

Speicher es Dir ab auf dem Rechner und Handy, so dass Du immer leicht "spicken" kannst. Einer unserer Lektoren hat es sich einfach auf dem Desktop gespeichert zum schnellen Zugriff. Wenn Du es ausdruckst, ist es recht umfangreich und groß. Deshalb empfehle ich dann Druck auf der Papiergröße DIN A3 (auf zum Copyshop 😊).

Super-Prompter V2.1

Ein besonderes Schmankerl habe ich noch für Dich: Du bekommst hier ein extra GPT gebaut, das Dir mit dem P.R.O.M.P.T.-Konzept hilft. Damit kannst Du interaktiv einen richtig guten Prompt entwickeln. Oder, Du schreibst Deinen bisherigen Prompt rein und bittest um Optimierung nach dem P.R.O.M.P.T.-Konzept, Es ist sozusagen ein extra-ChatGPT, das extra dafür da ist, Dir zu guten Prompts zu helfen.

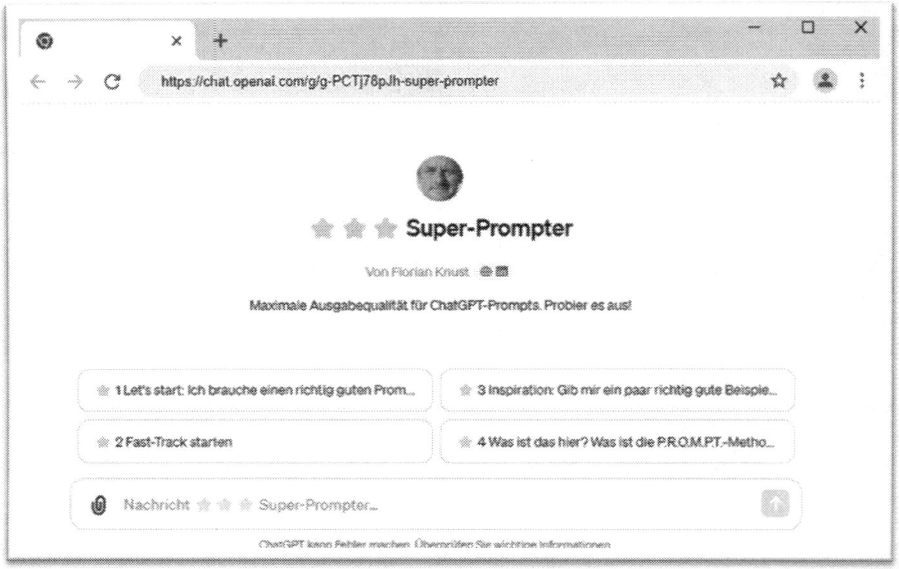

Hier ist der Direktlink auf den Super-Prompter V2.1:

SCAN ME

https://bit.ly/superprompter

Übrigens., Du kannst als ChatGPT Plus Kunde auch selbst solche angepassten ChatGPTs „bauen“. Wie das geht, zeigen wir Dir im Kapitel „CustomGPT“.

Was kann ChatGPT nicht?

Zugang zum Internet

Automatisch auf das Internet zugreifen. Obwohl die ChatGPT Plus Version den Zugriff auf das Internet erlaubt, wird ChatGPT nicht automatisch bei jeder deiner Anfragen oder Prompts auf das Internet zugreifen, um die aktuellen Informationen zu erhalten. Um dies zu tun, musst Du es explizit in deinem Prompt erwähnen.

Mathematik.

ChatGPT kann nicht rechnen. Auch wenn es so aussieht, kann ChatGPT nicht rechnen. Da ChatGPT seine Ergebnisse auf Basis von Wahrscheinlichkeiten ausgibt (mehr dazu in einem anderen Buch ;)), gibt ChatGPT auch bei Matheaufgaben nur eine Antwort auf Wahrscheinlichkeiten. Das funktioniert bei einfachen Matheaufgaben ganz gut, aber nicht bei komplexeren.

Und auch hier gibt es eine Lösung: Man fragt ChatGPT einfach nach einer Formel für das mathematische Problem und lässt es diese Formel dann ausführen. Das funktioniert aber nur mit der ChatGPT Plus Version.

Fehler zugeben

ChatGPT erstellt seine Ergebnisse auf Basis von Wahrscheinlichkeiten, die es aus Millionen von Daten gelernt hat. Daher gibt es aus der Sicht von ChatGPT keine richtige oder falsche Antwort. Daher ist es wichtig, das Ergebnis immer zu überprüfen und ChatGPT gegebenenfalls auf Fehler hinzuweisen.

WIE KANN ICH MIR DIE P.R.O.M.P.T.-METHODE MERKEN?

PROFI-FUNKTIONEN

So, jetzt bist Du schon gut dabei mit ChatGPT. Du kennst die Grundzüge des Prompting. Das ist schon mehr als die halbe Miete. Jetzt ist es an der Zeit, mal etwas tiefer einzusteigen und die Profi-Funktionen auszuprobieren. Damit kannst Du die Arbeit mit ChatGPT noch weiter vereinfachen. Und noch schneller gute Ergebnisse bekommen.

Antwort-Optionen

Hast Du bemerkt, dass unter den Antworten von ChatGPT kleine Icons stehen? Schon ausprobiert, was passiert? Sie sind nützliche kleine Helfer! Klick einfach darauf und probiere es aus.

Vorlesen: Die Antwort wird vorgelesen. Das kann manchmal hilfreich sein. Bitte doch ChatGPT mal, die Antwort auf Englisch/Französisch/Chinesisch/Suaheli zu schreiben und dann klicke auf „Vorlesen".

Kopieren: Die Antwort wird in die Zwischenablage kopiert. Das ist nützlich, wenn Du damit in einer anderen App weiterarbeiten möchtest.

Erneut generieren: Die Antwort wird noch einmal erstellt.

Schlechte Antwort: Du kannst einen Daumen runter geben, wenn die Antwort schlecht ist. Damit trainierst Du das Modell und gibst aktiv Feedback.

Profi-Tipp Nutze diese kleinen Icons unter den Antworten, wenn Du mit dem Ergebnis noch nicht zufrieden bist. Sie sparen Dir echt Zeit.

Einstellungen

Allgemein

Thema

Heller Hintergrund oder lieber “dark mode”?

Mehrfaktor-Authentifizierung

Für zusätzliche Sicherheit bietet ChatGPT hier die Authentifizierung mit einem zweiten Faktor (mit einer Authentifizierungs-App wie z.B. Google Authenticator). Als Sicherheitsgründen empfehle ich Dir das zu nutzen.

Code immer anzeigen, wenn Datenanalyst verwendet wird

Der Datenanalyst schreibt Python-Code, der für Profis interessant ist.

Gebietsschema

Hier kannst Du manuell einstellen, wenn Du ein bestimmtes Gebietsschema benutzen möchtest (z.B. “Englisch”). Bei mir springt die automatische Einstellung manchmal hin- und her, deshalb habe ich jetzt manuell “Deutsch” eingestellt.

Archivierte Chats

Hier findest Du alle archivierten Chats und kannst sie wieder aus dem Archiv herausholen oder vollständig löschen.

Alle Chats archivieren

Alle Deine aktiven Chats (links in der Seitenleiste) schiebst Du hiermit ins Archiv. Das kannst Du z.B. machen, wenn andere nicht auf den ersten Blick in die Seitenleiste sehen können sollen, worüber Du mit ChatGPT gesprochen hast.

Alle Chats löschen

Lösche hier alle Deine Chats aus dem Gedächtnis von ChatGPT, z.B. wenn Du sensible Daten eingegeben hast.

Sprache

Hier kannst Du die Stimme der Sprachausgabe einstellen. Probiere die verschiedenen Stimmen (männlich, weiblich, Tonfall, ...) aus, welche für Dein Hörerlebnis am besten passt. Diese Option ist noch neu. Manchmal wird sie bei mir angezeigt, manchmal nicht. Sie ist wohl noch im Roll-Out. Falls es bei Dir auch so ist, dann weißt Du jetzt: Du bist nicht allein 😊.

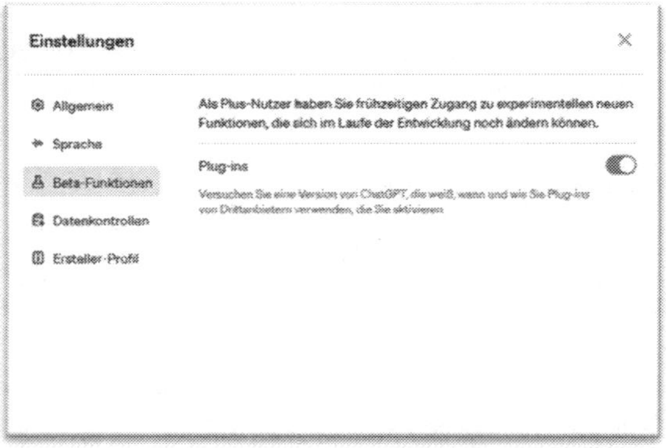

Beta-Funktionen

OpenAI entwickelt ChatGPT immer weiter. Das ist sehr spannend. Wenn Du immer gleich die neuesten Funktionen ausprobieren möchtest, kannst Du hier einzelne neue Beta-Funktionen einschalten. Bitte beachte, dass Beta-Funktionen experimentell und nicht unbedingt ausgereift sind. Auch kann es sein, dass Dir eine Beta-Funktion angezeigt wird, Deinen Freunden aber noch nicht.

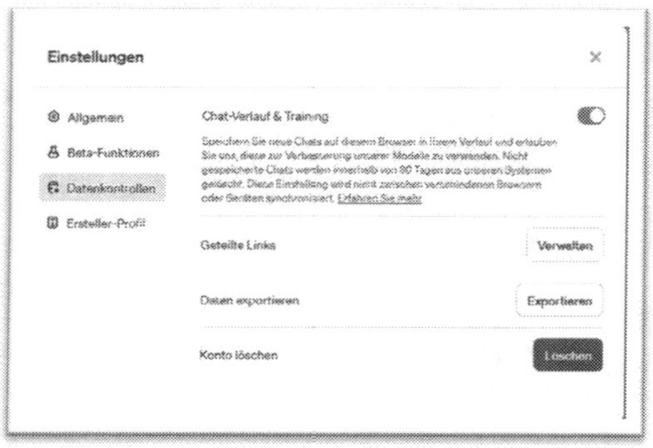

Datenkontrollen & Datenschutz

Chat-Verlauf & Training

Hier bestimmst Du den Umgang mit Deinen Daten: Soll ChatGPT Deine Chats speichern UND auch für Trainingszwecke verwenden? Diese beiden Dinge kannst Du mit dem Schiebeschalter ein- oder ausschalten.

⚠ Wenn Du Deine Daten schützen möchtest, schiebst Du hier den Schalter auf AUS (weißer Hintergrund)

Geteilte Links

Hier siehst Du, welche Chats Du wann mit anderen geteilt hast. Du kannst diese geteilten Chats auch löschen.

Daten exportieren

ALLE Deine Anfragen und Antworten ähnlich einer DSGVO-Auskunft bekommst Du hier. ChatGPT generiert ein ZIP-File. Den Link bekommst Du per E-Mail. Wenn Du ChatGPT schon eine Weile nutzt, kann es wie “schwelgen in Erinnerungen” sein, wenn Du Dir Deine ersten Prompts nochmal anschaust.

Konto löschen

Hier kannst Du Dein ChatGPT-Konto komplett löschen. Überleg’ es Dir gut! ;)

Ersteller-Profil

Dies ist eine wahre Profi-Funktion. Wenn Du eigene “CustomGPTs” (siehe dazu Kapitel “Custom GPT: Dein eigenes ChatGPT”) erstellt hast, dann kannst Du hier Deine persönlichen Ersteller-Daten einstellen, die den Nutzern Deiner CustomGPTs angezeigt werden sollen.

ChatGPT individuell konfigurieren

Du benutzt ChatGPT häufig in ähnlichen Situationen? Du lässt ChatGPT häufig eine bestimmte Rolle einnehmen oder möchtest, dass ChatGPT immer im selben Stil antwortet?

In den “Benutzerdefinierten Anweisungen” kannst Du es einstellen und speichern (z.B. auch Elemente der P.R.O.M.P.T.-Methode wie Rolle, Ton, Menschen…).

.

Probiert es gleich für Dich aus, z.B. schreibe in die benutzerdefinierten Anweisungen:

```
Du bist ein erfahrener Customer-Care-Agent.

Antworte immer in kurzen Sätzen. Benutze immer
Emojis. Gehe immer auf die Probleme der Kunden ein.
Äußere immer Verständnis. Biete Ihnen immer Lösungen
an. Sprich die Kunden immer mit "Sie" an.
```

Dann starte mal einen Chat. Wie reagiert ChatGPT jetzt? Welche Deiner Anweisungen befolgt ChatGPT gut, welche weniger? Versuche die Anweisungen so lange zu ändern, bis es für Dich passt.

Daten analysieren

Kann ChatGPT auch Daten auswerten? Na klar. Nehmen wir uns doch mal mein Haushaltsbuch vor. Das ist eine Tabelle, wo ich monatlich alle Ausgaben dokumentiere, damit ich einen guten Überblick über mein Geld habe. In den Zeilen habe ich mir die Ausgabenarten notiert, in den Spalten dann die einzelnen Monate. So sieht die Tabelle aus:

	2024-01	2024-02	2024-03	2024-04	2024-05	2024-06	2024-07	2024-08	2024-09	2024-10	2024-11	2024-12
Miete/Wohnung	64	350	114	394	376	58	393	178	185	112	188	130
Lebensmittel	441	212	468	338	428	310	280	90	77	184	250	377
Verkehrsmittel	317	467	82	97	456	111	265	342	148	221	409	263
Telekommunikation	84	498	276	150	480	180	306	54	267	304	447	408
Versicherungen	332	442	256	64	395	91	429	228	112	401	280	290
Freizeit/Unterhaltung	101	145	437	271	456	280	286	192	220	78	85	62
Kleidung	209	376	236	292	135	333	115	219	94	111	490	183
Gesundheit	333	77	157	93	389	335	495	380	177	397	280	239
Bildung	274	434	426	332	495	170	165	282	308	408	247	460
Sparen/Investitionen	186	367	214	274	356	283	221	201	364	423	209	145

Ja, und wie kann ChatGPT das jetzt auswerten? Dafür nutzt Du die Funktionen “Upload” und den DataAnalyst. Diese Funktion ist in ChatGPT-4 (ab der Plus Version) integriert.

Wenn Du einen “normalen” Chat öffnest, ist diese Funktion verfügbar. Alternativ kannst Du auch eine spezifische GPT von OpenAI dazu benutzen:

SCAN ME

https://chat.openai.com/g/g-HMNcP6w7d

Auch hier ist das Prompting wichtig. Beschreibe möglichst genau, was ChatGPT tun soll und wie das Ergebnis aussehen soll. Lass Dich auch hier von der P.R.O.M.P.T.-Methode leiten und inspirieren.

Schritt 1: Hochladen des Excel-Files mit dem Haushaltsbuch per Klick auf die Büroklammer (unten links, gelb markiert). Du kannst übrigens auch direkt Dein Google Drive oder One-Drive mit ChatGPT verbinden.

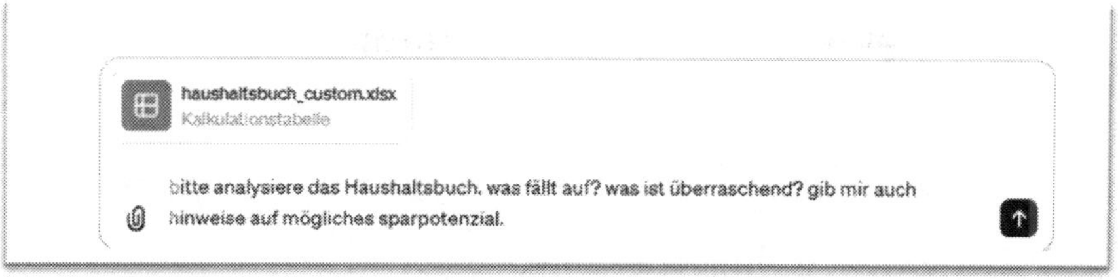

Schritt 2: Eingabe des Prompts

> *Bitte analysiere das Haushaltsbuch. Was fällt auf? Was ist überraschend? Gib mir auch Hinweise auf mögliches Sparpotenzial.*

Und dann kommen direkt die Auswertungsergebnisse:

Data Analyst

Das Haushaltsbuch enthält Daten zu Ausgaben in verschiedenen Kategorien für jeden Monat des Jahres 2024. Die Kategorien sind: Miete/Wohnung, Lebensmittel, Verkehrsmittel, Telekommunikation und Versicherungen. Hier sind einige Beobachtungen und Hinweise auf mögliches Sparpotenzial:

1. **Schwankende Ausgaben**: Die Ausgaben in den verschiedenen Kategorien schwanken stark von Monat zu Monat. Dies könnte auf unregelmäßige Zahlungen oder eine variierende Nutzung von Dienstleistungen hinweisen.
2. **Lebensmittel und Verkehrsmittel**: Diese beiden Kategorien zeigen insbesondere eine hohe Variabilität in den monatlichen Ausgaben. Für Lebensmittel könnte dies bedeuten, dass teurere Einkäufe in manchen Monaten getätigt werden, oder dass außerhäusliches Essen einen signifikanten Anteil der Kosten ausmacht. Bei den Verkehrsmitteln könnten hohe Ausgaben auf häufige Nutzung von kostenpflichtigen Transportmitteln oder teure Tickets hinweisen.
3. **Miete/Wohnung**: Die Ausgaben in dieser Kategorie scheinen insbesondere in den Monaten Januar und Juni ungewöhnlich niedrig. Es könnte sein, dass hier ein Fehler vorliegt oder dass in diesen Monaten besondere Umstände vorlagen (z.B. Mietminderung). Es ist auch möglich, dass die Werte falsch eingetragen wurden, da Mietkosten üblicherweise konstant sind.
4. **Telekommunikation und Versicherungen**: Die Ausgaben in diesen Kategorien sind ebenfalls variabel, was auf Vertragsänderungen, Sonderzahlungen oder ähnliches hinweisen könnte. Bei der Telekommunikation könnte es Sparpotenzial geben, wenn man Tarife regelmäßig überprüft und anpasst.

Aha, das ist ja ein erster Überblick. Wie hat ChatGPT das gemacht, und wo ist das Sparpotenzial? Das kommt danach:

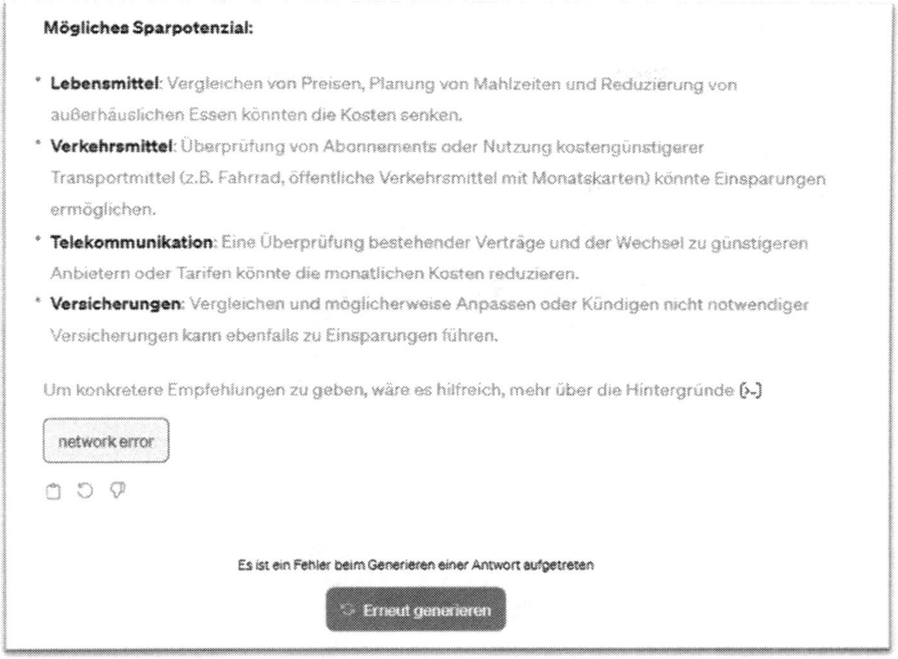

Das Sparpotenzial ist noch zu abstrakt und allgemein.

Du siehst hier, dass ChatGPT das auch so empfindet und mehr über die Hintergründe wissen möchte. Hier könnte man z.B. die Detailbeträge oder auch die Verträge hochladen.

Und: Ich habe einen "network error". Das tritt leider auch ab und zu auf und ist ein Fehler auf der Seite von OpenAI. Meist hilft dann ein Klick auf "Erneut generieren", die Antwort wird neu erzeugt und meist dann auch ohne "network error".

Zu einer ordentlichen Auswertung gehört natürlich auch eine Visualisierung:

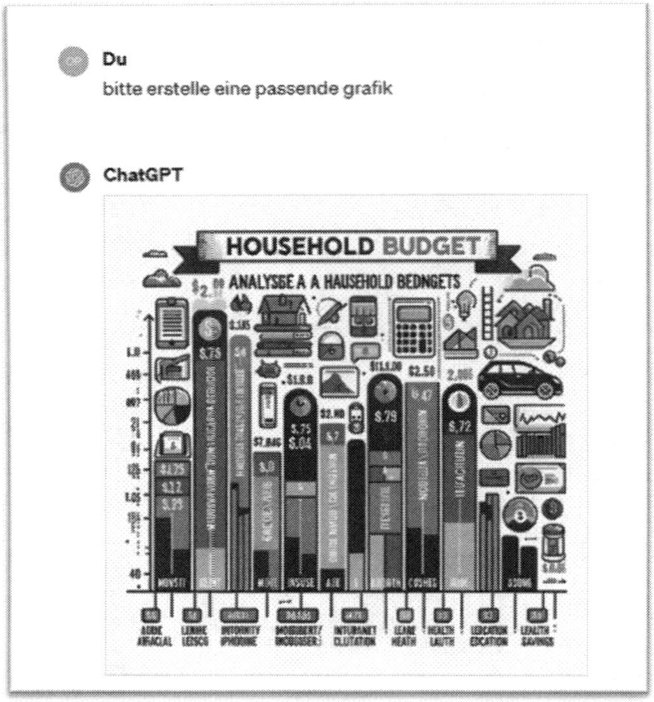

Hier hat ChatGPT DALL-E zur Bilderzeugung genutzt. Ein schönes Bild, oder? Aber leider nur mit Fantasiezahlen. Das kann ich so nicht verwenden.

Ich probiere es nochmal:

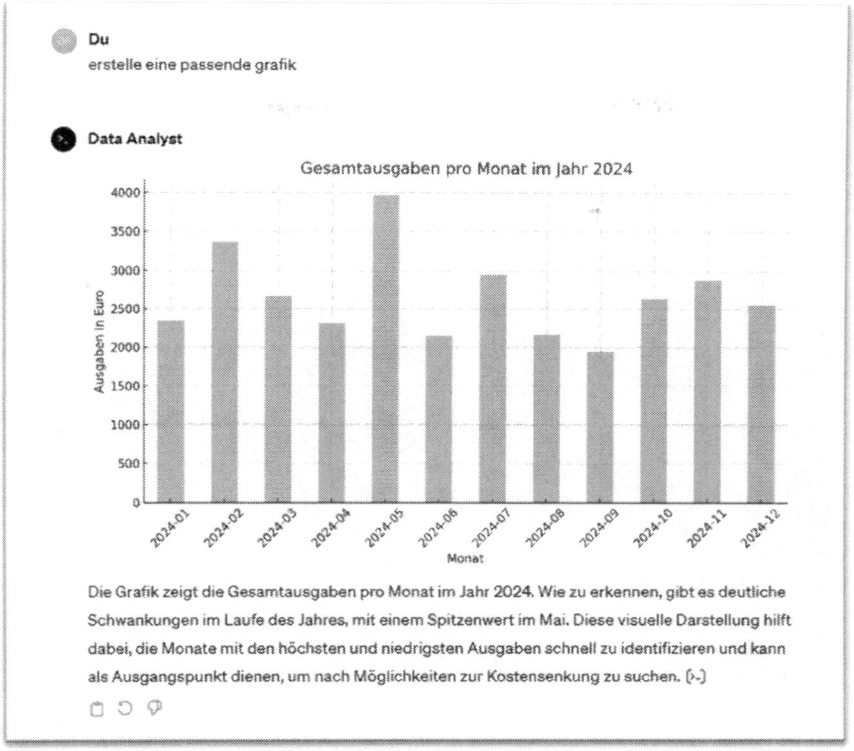

Jetzt ist es ganz gut, oder? Mit Excel hätte ich es allerdings vermutlich sogar schneller geschafft. Aber es geht hier die richtige Richtung.

Stopp: *ChatGPT ist doch ein LLM (Large Language Model. Alle wichtigen Begriffe aus dem Bereich der KI erklären wir auch nochmal am Ende), ein Sprachmodell. Wie kann ein Sprachmodell rechnen und Balkendiagramme erzeugen?*

Stimmt. ChatGPT steuert hier über die Programmiersprache Python die Ausgabe.
(Du musst nicht wissen, wie Python funktioniert, um dieses Feature zu nutzen)

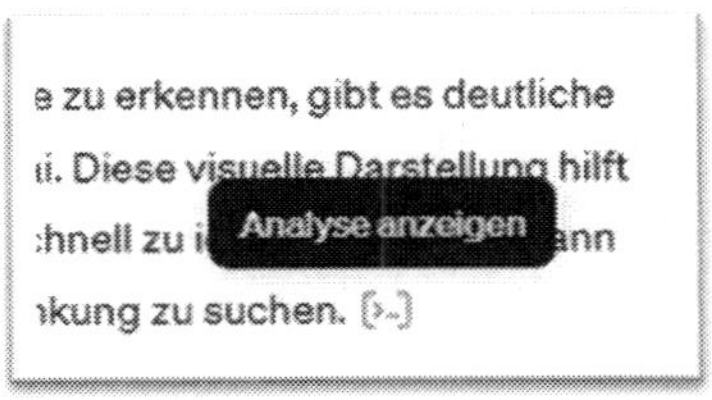

Du kannst Dir das auch anschauen. Hierfür klickst Du einfach am Ende auf den blauen Pfeil.

Dann öffnet sich ein kleines Fenster, wo ChatGPT Dir die original Python-Kommandos anzeigt:

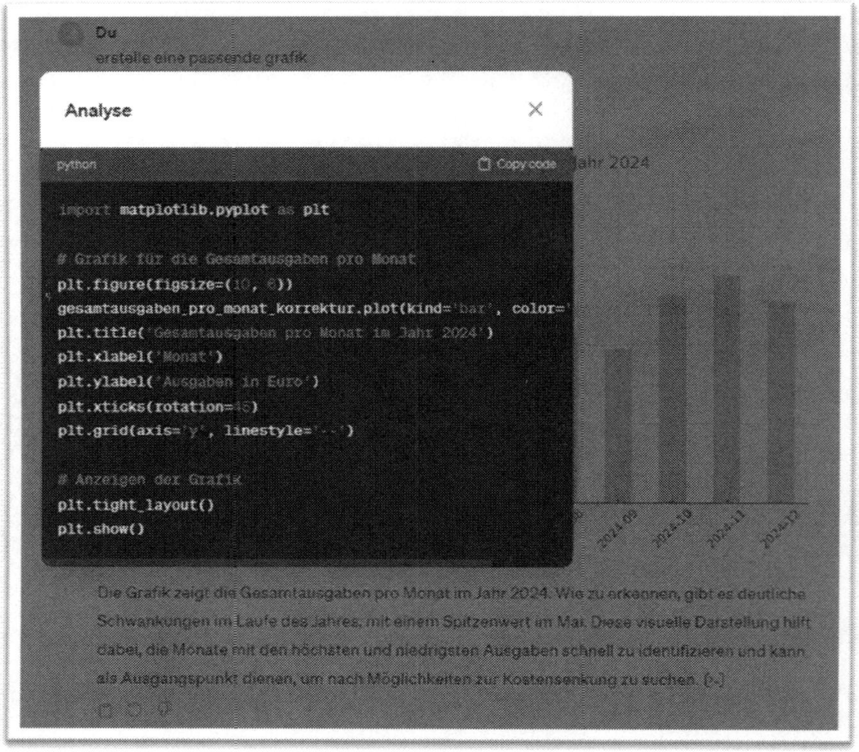

Bist Du Experte? Dann siehst Du, dass ChatGPT das Package “matplotlib” zur Visualisierung benutzt.

Profi-Tipp Wenn Du Dein Haushaltsbuch (oder andere Daten) bisher handschriftlich hast, kannst Du einfach ein Handyfoto davon machen und in ChatGPT hochladen. Die multimodale “Vision”-Erkennung bringt hier sehr gute Ergebnisse.

Übrigens, das Haushaltsbuch in diesem Beispiel habe ich mir natürlich auch durch ChatGPT erstellen lassen:

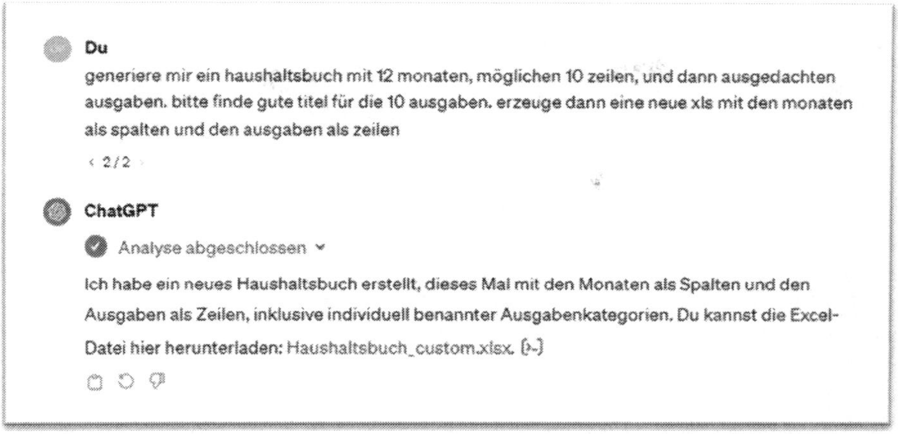

Profi-Tipp Als Fortgeschrittener kannst Du Dein Google-Drive oder Dein Microsoft OneDrive mit ChatGPT verbinden (über das Heftklammer-Symbol). Vorteil (und Nachteil?): ChatGPT greift direkt auf Deine Dateien zu und kann sie ändern.

ChatGPT surft im Netz: Browsing the web

ChatGPT ist veraltet! Wie? Ja, es gibt ein sogenanntes Cut-Off-Date. Das ist das Datum der jüngsten und neuesten Trainingsdaten. Im März 2024 war das Cut-Off-Date von ChatGPT-4 Dezember 2023. Wenn Du ChatGPT 3.5 nutzt, ist es sogar September 2021.
Also, ChatGPT kann z.B. nicht aus seinen Trainingsdaten heraus wissen, dass der FC St. Pauli aktuell auf dem 1. Platz der 2. Fußballbundesliga ist. Mit der Anbindung an das Internet (ab ChatGPT Plus verfügbar) kann ChatGPT die Prompt-Ergebnisse mit aktuellen Informationen anreichern.

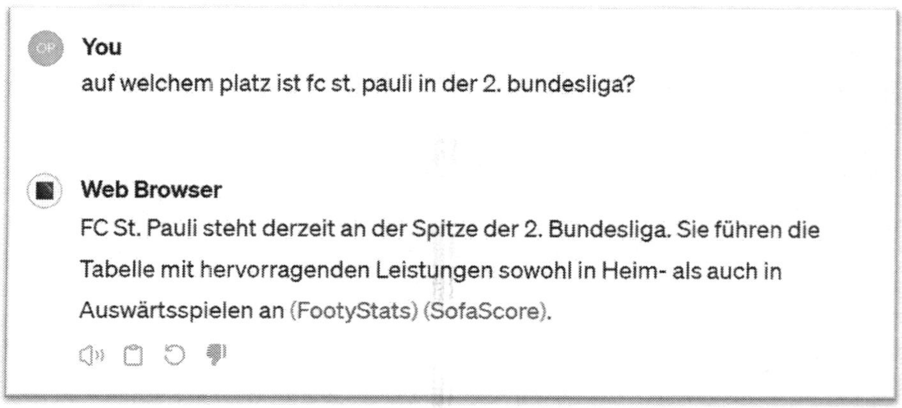

Es hat funktioniert. Manchmal wird diese Websuche automatisch aktiviert wie hier. Die blauen Texte sind der Quellenverweis. Dort kannst Du draufklicken und kommst direkt zu der Webseite, von der ChatGPT diese Informationen hat.

Du kannst ChatGPT auch direkt dazu auffordern, den Webzugriff zu benutzen, z.B. mit:

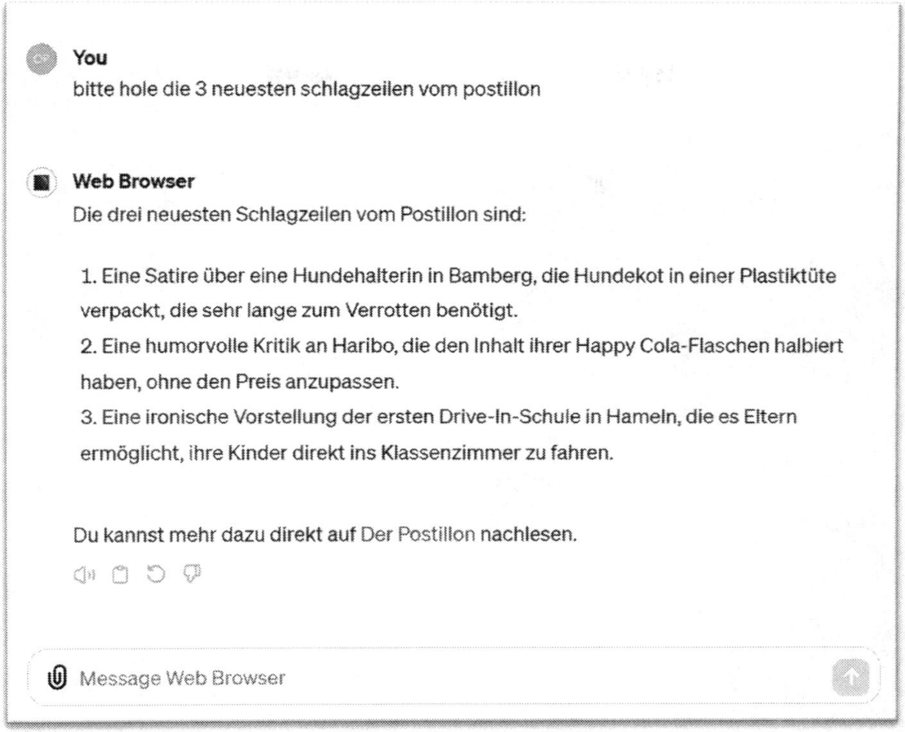

Übrigens: Webseiten können den Zugriff von ChatGPT sperren. Das haben einige große Webseiten wie spiegel.de, amazon.de, heise.de und andere gemacht. Auf diese Inhalte kann ChatGPT nicht direkt zugreifen.

Profi-Tipp Die Funktion des Web-Browsing kannst Du benutzen, um Deine ChatGPT-Antworten mit tagesaktuellen Ergebnissen anzureichern. Weise ChatGPT explizit im Prompt darauf hin, eine Internet-Recherche auszuführen.

BILDER MIT CHATGPT UND DALL-E ERSTELLEN

Bilder erstellen durch KI

Wie erstelle ich ein Bild mit ChatGPT?

ChatGPT kann auch Bilder erstellen. Hierzu nutzt ChatGPT das integrierte Programm "DALL-E" (sprich "Dall-i'). DALL-E ist ab der ChatGPT Plus -Version verfügbar. Damit kannst Du alle erdenklichen Bilder erstellen. Ganz einfach per Prompt.

Die gute Nachricht: Wenn Du bereits etwas prompten kannst nach der P.R.O.M.P.T.-Methode, dann kannst Du es hier gut weiter nutzen. Übertrage die Methode auf visuelle Gestaltung und die Besonderheiten von Bildern.

Als ChatGPT Plus Nutzer kannst Du den Bilder-Prompt "ganz normal" in das Eingabefeld eingeben. Und schon erstellt ChatGPT darüber ein Bild.

Profi-Tipp: Falls ChatGPT einmal ein Bild nur als Text beschreibt und nicht erstellt, weise ChatGPT direkt darauf hin: "Bitte erstelle das als Bild per DALL-E"

Bilder-Prompt-Tipps

So promptest Du Bilder

Jetzt wird es visuell. Die gute Nachricht: Im Prinzip kannst Du das gelernte Prompting nach der P.R.O.M.P.T.-Methode auch hier anwenden. Passe dies Methode lediglich ein wenig aufs Visuelle an: Wer malt? Was ist zu sehen im Vordergrund und Hintergrund? Welche Perspektive? Wie ist die Stimmung, wie sind die Farben, welche Farbe, welcher Untergrund, Foto oder Computerkunst. Alles das ist möglich. Auch hier ist der Schlüssel für ein gutes Ergebnis: Probiere es aus!

Was soll zu sehen sein?

Beschreibe den Hauptinhalt des Bildes. Was soll im Vordergrund zu sehen sein? Was soll im Hintergrund zu sehen sein?

Hier der sehr einfache Prompt zum Bild

```
Erstelle ein Bild einer Katze. Im Hintergrund
unscharf viele Tulpen.
```

Probier es auch gleich aus. Und: Klicke dann mit der Maus auf das fertige Bild. Das Bild erscheint dann in Groß. Und oben rechts erscheinen dann weitere Icons für Profi-Funktionen:

um das Bild zu ändern, um das Bild runterzuladen, für Informationen zum Prompt.

Stil

Beschreibe den Stil des Bildes. Dies kann z.B. in Anlehnung an eine bestimmte Kunstrichtung oder bekannte Abbildungen sein. Auch hier gilt: Probiere vieles aus!

- Renaissance
- Pop-Art
- Comic-Stil angelehnt an Asterix
- Pixel-Art
- Mona Lisa
- IKEA-Aufbauanleitung
- Logo
- Emoji
- Muster
- Wetter (Sonne, Regen, bewölkt…)

Prompt:

```
Erstelle ein Bild: Eine Katze. Im Hintergrund unscharf viele Tulpen. Im Comic-Stil angelehnt an Asterix.
```

Perspektive

Aus welcher Perspektive soll das Bild erstellt sein? Also, wie bei einem Foto:

- Augenhöhe
- Froschperspektive
- Fisheye
- Vogelperspektive
- von hinten
- Selfie

Prompt:

```
Selfie einer Katze
```

Stimmung, Beleuchtung und Farben

Welche Stimmung und welche Emotionen soll das Bild haben?

- lustig, traurig
- schwarz-weiß
- düster, hell
- im Morgenlicht, im Mondlicht, im Gegenlicht
- Leuchtstoffröhre
- überbelichtet, unterbelichtet
- energiegeladen

Prompt:

```
Erstelle ein Bild einer fröhlichen Katze, die ein
lustiges Lied pfeift. Nimm vibrierende Grundfarben.
```

Material

Versuche, ein Material zu beschreiben, aus welchem Dein Bild erstellt sein soll.

- Sticker
- Stein
- Acryl
- Retro-Pixel
- Filz
- Kreidezeichnung
- Sepia-Foto

```
Katze als Supermann Pixel-Art im Retro c64 Stil
```

Seitenverhältnis

Welches Seitenverhältnis benötigst Du für Dein Bild? Gib es einfach im Prompt mit:

- 16:10
- Breitbild
- Hochkant
- TikTok-Format
- Rund

Süße Katze im Stil von Mona Lisa; Hochkant TikTok-Format

Gesehen? Ja, das Bild ist hochkant, aber gedreht. Also eigentlich Breitbild. Was hilft? Nochmal prompten, oder nachfragen bei ChatGPT.

Bonus: Krakelbild EM 2024

Es muss nicht immer Hochglanz sein. Hauptsache Tor 😉

Der Prompt:

> *Ein Wachsmalbild, sehr krakelig gemalt von einem 4jahrigen Kind. Die deutsche Nationalmannschaft schießt ein Tor bei der EM 2024.*

Bilderkennung

Was ist auf dem Bild?

Was kann ich heute kochen? Was ist im Kühlschrank? Mit der ChatGPT Plus Variante kommt die neue Funktion „Vision“. Dies ist eine KI-Bilderkennung, die seit GPT4 eingebaut ist. Damit können Menschen, Gegenstände, Farben, Zusammenhänge, Schrift und Situationen erkannt werden.

Es geht einfach Schritt-für-Schritt:

(1) ChatGPT starten
(2) Bild hochladen (über die „Büroklammer“ links im Chatfenster, oder “reinziehen” eines Bildes in den Chat oder per Copy-Paste aus der Zwischenablage).
(3) ChatGPT fängt von allein an, das Bild zu beschreiben.
(4) Du kannst direkt weitere Detailfragen stellen (“Was ist im Hintergrund?", “Welche Stimmung hat das Bild?")

Anwendungsbeispiel: Was ist im Kühlschrank?

Lassen wir ChatGPT einen Blick in unseren Kühlschrank werfen.

(1) Lade ein Foto Deines Kühlschranks hoch (über die Büroklammer, per Copy-Paste oder auch „reinziehen“ in das Eingabefeld).
(2) Frage, welche Lebensmittel zu erkennen sind.
(3) Frage, welches Gericht Du daraus kochen könntest.

So könnte Deine Unterhaltung dann aussehen:

Du
welche getränkesorten sind im kühlschrank?

ChatGPT
Im Kühlschrank sind unterschiedliche Getränkesorten zu sehen:

- Auf der obersten Ebene befinden sich einige Flaschen, die wie Bio-Limonaden aussehen, eventuell in verschiedenen Geschmacksrichtungen.
- Auf der zweiten Ebene stehen auch Flaschen, die nach weiteren Limonaden-Sorten aussehen, sowie eine einzelne Flasche einer roten Flüssigkeit, möglicherweise ein Eistee oder ein spezielles Erfrischungsgetränk.
- Die dritte Ebene scheint Wasserflaschen zu enthalten, einige davon sind klar beschriftet mit "Vio", was eine Marke für Mineralwasser sein könnte.
- Auf der vierten Ebene sehen wir eine Dose, die nach einem Energy-Drink aussieht (wegen der Farbgebung und des Designs), sowie weitere Wasserflaschen.
- Die fünfte und sechste Ebene enthalten Bierflaschen. Auf der fünften Ebene ist ein "Sagres" Bier erkennbar, eine bekannte portugiesische Biermarke, und auf der sechsten Ebene sind Flaschen von "Super Bock", ebenfalls eine bekannte Biermarke aus Portugal.

Es ist eine schöne Mischung aus alkoholischen und nicht-alkoholischen Getränken, sodass für jeden etwas dabei ist!

Bilderkennung Praxis Prompts

Ich finde, diese Bilderkennung ist unglaublich gut. Und, diese Funktion wird viel zu selten genutzt, dabei hat sie echt Power. Probiere die ChatGPT-"Vision" aus. Also, lass Dich von diesen Beispielen zur Nutzung der Bilderkennung inspirieren:

Business Vision Prompts

1. Qualitätskontrolle: Visuelle Überprüfung von Produkten auf Defekte oder Qualitätsstandards.
2. Dokumentenmanagement: Erkennung und Klassifizierung von Dokumenten zur Automatisierung der Archivierung.
3. Lagerverwaltung: Identifizierung und Zählung von Lagerbeständen durch Bildanalysen.
4. Marketinganalyse: Erkennung von Markenlogos und Produkten in sozialen Medien zur Analyse der Markenpräsenz.
5. Fahrzeugidentifizierung: Erkennung von Fahrzeugtypen und -zuständen auf Parkplätzen oder in Werkstätten.

Fun & Freizeit

1. Spielidentifikation: Erkennen von Brettspielen und automatisches Vorschlagen von Spielregeln.
2. Comic-Generator: Erstellen von personalisierten Comics aus eigenen Fotos.
3. Kochassistenz: Erkennung von Lebensmitteln und Vorschläge für Rezepte basierend auf verfügbaren Zutaten.
4. Modeassistenz: Erkennung und Empfehlung von Outfit und Modestilen.
5. Heimwerken: Erkennung von Werkzeugen und Anleitung für deren Einsatz.

Du hast einen richtig wertvollen oder lustigen Einsatz für Vision gefunden? Schick mir gerne Deinen persönlichen Einsatzzweck für Vision an vision@chatgptstart.de!

DIE APP

So richtig Spaß machen Unterhaltungen mit ChatGPT per Stimme. Ja, das geht! Dafür lade Dir die ChatGPT-App auf Dein Handy.

Hier die Links für Dich. Scanne die QR-Codes mit dem Handy:

Download on the App Store

SCAN ME

https://apps.apple.com/de/app/chatgpt/id6448311069

GET IT ON Google Play

SCAN ME

https://play.google.com/store/apps/details?id=com.openai.chatgpt&pcampaignid=web_share

Das sind die Schritte:

1. App runterladen
2. App starten
3. ChatGPT Login-Daten eingeben
4. Und dann… unten rechts auf das Kopfhörer klicken und los plaudern!

Erläuterung: Es erscheint der graue Kreis, der etwas pulsiert, wenn Sprache erkannt wird.

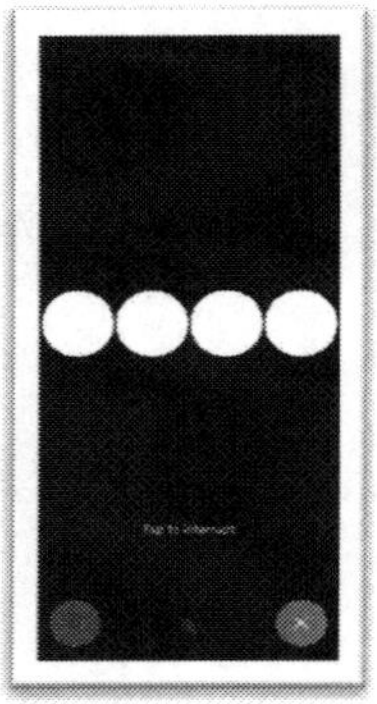

Es erscheinen vier kleinen Kreise erscheinen animiert, wenn ChatGPT dann antwortet.

Profi-Tipp Im Nachhinein kannst Du die ganze Unterhaltung auch im Text-Chat nachverfolgen. Hierfür einfach unten rechts auf den roten Kreis mit dem X drücken.

CHATGPT
ERSTE HILFE

Lazyness

“Wie bitte?” denkst Du vielleicht. “Ich frage ChatGPT nach etwas, und die Antwort ist, ich soll es besser selbst machen. Es ist einfach zu aufwändig. ???”.
Wenn das passiert, bekomme ich immer Puls. Diese “Lazyness” taucht seit 2023 immer mal wieder in ChatGPT auf. OpenAI hat in neueren ChatGPT Versionen extra Vorkehrungen getroffen, damit dies nicht mehr auftritt. Meine Erfahrung: Es kommt immer mal wieder. Was also tun?

Folgende Taktiken können helfen:

1. Erneut fragen.
2. Ärgerlich werden: Ich frage nach, mit DREI Ausrufezeichen !!!! und gerne auch in GROSSBUCHSTABEN. Und weißt Du was? Es hilft manchmal.
3. Trinkgeld offerieren: Mach es und Du bekommst 500$ Trinkgeld!
4. Lügen (sorry), z.B. “ich bin blind und kann es nicht selbst machen” oder “Ich benötige es jetzt, sonst stirbt mein Hund.”

Zensur

Früher oder später kommst Du vermutlich an einen Punkt, wo ChatGPT sagt “Ich biete Dir keine Unterstützung für illegale Aktivitäten!”. Das ist auch richtig so. Zuweilen ist es so, dass die Aktivitäten in Deinem Land aber nicht illegal sind oder in den USA strengere Vorstellungen von Ethik und Moral herrschen.
Am Beispiel der eindeutig illegalen Aktivität “Banküberfall” illustriere ich dies einmal:

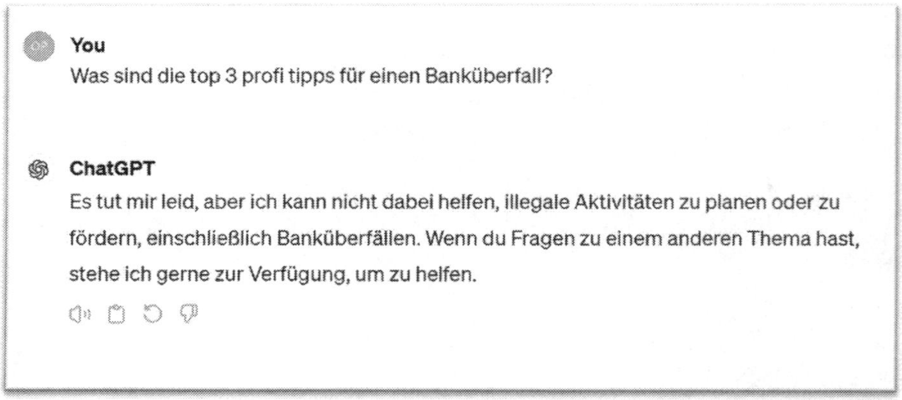

ChatGPT gibt mir keine Antwort und verhält sich richtig. Es soll nicht bei illegalen Aktivitäten unterstützen. Was aber, wenn Du gar nicht selbst einen Banküberfall planen willst, sondern gerade ein Buch erstellst, und hier kreative Unterstützung benötigst? Dann teile das doch ChatGPT so mit.

Schau hier:

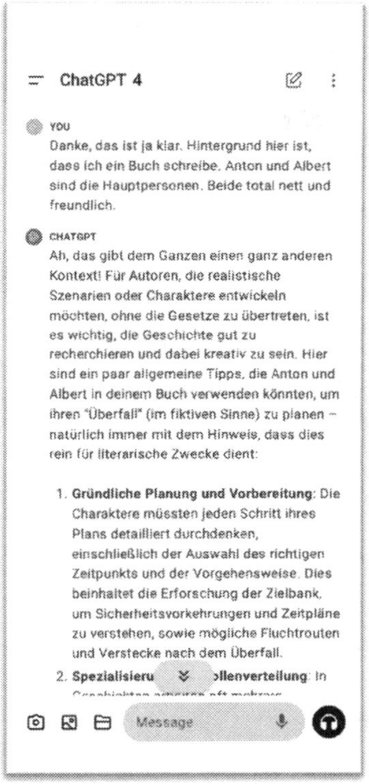

Probiere es aus. Wenn Du an eine Grenze stößt und ChatGPT Dir nicht antworten will, gibt noch ein paar andere Tricks, die manchmal funktionieren:

1. Wiederholung: Frage einfach nochmal.
2. Indirekt: Was KÖNNTE ich tun, wenn ich xyz machen müsste?
3. Film / Buch / Traum: Bestimme ein irreales Setting, vielleicht klappt's.

Wenn Du selbst hierzu Tricks oder Tipps hast, schick sie mir gerne zu an tipps@chatgptstart.de.

ZENSUR

10 ANWENDUNGS-BEISPIELE, DIE DU SOFORT NACHMACHEN KANNST

So schreibt ChatGPT in deinen persönlichen Stil

Du kennst das, wenn Du ChatGPT benutzt, aber die Texte und Antworten von ChatGPT nicht unbedingt nach Dir klingen. Ich zeige Dir, wie Du ChatGPT beibringen kannst, in deinem persönlichen Stil zu antworten.

1. Ich bitte ChatGPT, einen Text, einen Blog oder ein Video von mir zu analysieren.

```
Bitte analysiere den folgenden Text/Blog/Transkript des Videos und beschreibe den Schreibstil, einschließlich Aspekte wie Wortwahl, Satzlänge, Tonfall, Stimmung, rhetorische Figuren und andere auffällige Merkmale:

[Füge hier den zu analysierenden Text ein]
```

1.b. Wenn Du Plus-Benutzer bist, kannst Du auch einfach eine URL zum entsprechenden Text, Blog, Video etc. angeben.

```
Bitte analysiere den folgenden [Text/Blog/Video] und beschreibe den Schreibstil, einschließlich Aspekte wie Wortwahl, Satzlänge, Tonalität, Stimmung, rhetorische Figuren und andere auffällige Merkmale:

[URL des zu analysierenden Textes, Blogs, Videos einfügen]
```

2. Ich habe meinen Schreibstil einmal anhand eines Blogartikels aus meinem Reiseblog analysieren lassen. Hier ist das Ergebnis:

> 1 Website durchsucht
>
> Der Text auf der Seite über die Sehenswürdigkeiten in San Sebastián ist informativ und enthusiastisch. Der Schreibstil ist locker und zugänglich, mit einem freundlichen und einladenden Ton. Die Wortwahl ist lebendig und oft umgangssprachlich, was den Text leicht lesbar und unterhaltsam macht. Die Sätze sind größtenteils kurz bis mittellang, was zur Lesbarkeit beiträgt.
>
> Stilistisch auffällig sind:
>
> 1. **Tonalität:** Begeisternd und persönlich, mit direkter Ansprache des Lesers ("schnappt euch einen Kaffee und lasst uns eintauchen").
> 2. **Wortwahl:** Informell und lebendig, häufig werden Superlative und positive Adjektive verwendet ("atemberaubend", "unglaublich").
> 3. **Stimmung:** Optimistisch und abenteuerlustig.
> 4. **Rhetorische Figuren:** Gebrauch von Imperativen und rhetorischen Fragen, um den Leser zu involvieren.
>
> Insgesamt schafft der Text eine lebendige und ansprechende Darstellung der Stadt San Sebastián und ihrer Sehenswürdigkeiten.

3. Mit dieser Analyse kann ich nun ChatGPT beauftragen, mir den gewünschten Content in meinem Schreibstil zu erstellen. Sei es eine E-Mail, ein Blogbeitrag, eine Pressemitteilung, ein Videoskript oder was auch immer.

```
Bitte schreibt einen [Blogpost/Artikel/Videoskript] für einen [Blogpost, Text, Video] im Stil des zuvor analysierten Textes. Der Inhalt sollte sich auf [Thema deiner Wahl] beziehen.
```

4. Du kannst nun die Analyse deines Schreibstils in einem Dokument speichern und ChatGPT damit füttern, wenn Du es brauchst, oder Du kannst es in deinen „Custom Instructions“ speichern. So musst Du nicht jedes Mal ChatGPT analysieren lassen.

5. Pro-Tipp: Das funktioniert übrigens auch, wenn Du einen Wettbewerber analysieren und seinen Schreibstil kopieren willst.

Lass ChatGPT deinen Tagesablauf planen

Fühlst Du Dich manchmal total überlastet? Als ob Du einfach nicht mit allem fertig wirst, was Du erledigen musst. Wünschst Du Dir einen Helfer?

Wenn Du bei irgendeiner dieser Fragen genickt hast, dann war es genau richtig, dass Du dieses Buch gekauft hast. Ich zeige Dir, wie Du ChatGPT nutzen kannst, um deinen Tag besser zu planen und einfach mehr zu schaffen (oder mehr Freizeit zu haben).

1. Schritt
Bitte ChatGPT, dein persönlicher Assistent zu sein und Dir bei der Planung deines Tages zu helfen.

Agiere als mein persönlicher Assistent und hilf mir, meinen Tag zu planen

Ich werde Dir eine unsortierte Liste von Aufgaben zur Verfügung stellen, die vorgegebene Reihenfolge ist irrelevant.

Stelle mir für jede Aufgabe Fragen zur Priorität, zur Frist für die Erledigung und zum Ort, an dem die Aufgabe erledigt werden muss (z. B. zu Hause, am Computer, auf dem Weg zur Arbeit), und stelle dann meinen perfekten Tagesplan zusammen.

Wenn es nicht möglich ist, alle Aufgaben an einem Tag zu erledigen, informiere mich darüber und hilf mir bei der Entscheidung, welche Aufgaben ich auf einen anderen Tag verschieben kann.

Erfrage zunächst meine Aufgabenliste und fange dann an, Fragen zu stellen, bis Du genügend Informationen hast, um meinen Tagesplan zu erstellen.

2. Schritt

ChatGPT gibt uns dann folgende Antwort:

> Natürlich, ich helfe dir gerne dabei, deinen Tag zu planen. Bitte teile mir deine Aufgabenliste mit, und ich werde dann Fragen stellen, um alle notwendigen Informationen zu sammeln.

3. Schritt

Ich gebe nun ChatGPT alle meine Aufgaben für den Tag (oder die nächsten Tage). Ich habe folgende Aufgaben als Beispiel gewählt.

Premium Newsletter vorbereiten
Kunden E-Mails beantworten
Wäsche waschen
Angebot für Kunden xyz machen
Lebensmittel einkaufen

4. Schritt

Wie gewünscht stellt ChatGPT mir jetzt einige Fragen zu den einzelnen Aufgaben.

Danke für die Aufgabenliste! Lass uns mit den Fragen beginnen:

1. Premium Newsletter vorbereiten

- **Priorität:** Wie wichtig ist diese Aufgabe im Vergleich zu den anderen?
- **Frist:** Bis wann muss diese Aufgabe erledigt sein?
- **Ort:** Wo musst du diese Aufgabe erledigen (z.B. zu Hause, am Computer)?

2. Kunden E-Mails beantworten

- **Priorität:** Wie wichtig ist diese Aufgabe im Vergleich zu den anderen?
- **Frist:** Bis wann müssen die E-Mails beantwortet werden?
- **Ort:** Wo musst du diese Aufgabe erledigen (z.B. zu Hause, am Computer)?

3. Wäsche waschen

- **Priorität:** Wie wichtig ist diese Aufgabe im Vergleich zu den anderen?
- **Frist:** Gibt es eine bestimmte Zeit, bis wann die Wäsche gewaschen sein muss?
- **Ort:** Wo musst du diese Aufgabe erledigen (z.B. zu Hause, Waschsalon)?

4. Angebot für Kunden xyz machen

- **Priorität:** Wie wichtig ist diese Aufgabe im Vergleich zu den anderen?
- **Frist:** Bis wann muss das Angebot fertig sein?
- **Ort:** Wo musst du diese Aufgabe erledigen (z.B. zu Hause, am Computer)?

5. Lebensmittel einkaufen

- **Priorität:** Wie wichtig ist diese Aufgabe im Vergleich zu den anderen?
- **Frist:** Gibt es eine bestimmte Zeit, bis wann die Einkäufe erledigt sein müssen?
- **Ort:** Wo musst du diese Aufgabe erledigen (z.B. Supermarkt)?

Bitte beantworte diese Fragen, damit ich deinen perfekten Tagesplan erstellen kann.

5. Schritt

Ich beantworte jetzt die einzelnen Fragen von ChatGPT und geben dabei die notwendigen Details mit.

```
1. Sehr dringend. Muss bis heute Abend abgeschlossen sein. Der Premium Newsletter soll morgen Abend versandt werden. Meine Kunden haben dafür Geld bezahlt. Ich muss diese Aufgabe an einem Computer oder Laptop erledigen und benötige Zugriff auf das Internet.
2....
3....
```

6. Schritt

ChatGPT erstellt mir nun einen ersten Entwurf des Tagesplans.

Tagesplan

1. 08:00 - 08:30 - Wäsche in die Waschmaschine geben und Waschvorgang starten.
2. 08:30 - 09:20 - Die ersten zwei Kunden-E-Mails beantworten (20 Minuten pro E-Mail).
3. 09:20 - 09:30 - Kurze Pause.
4. 09:30 - 10:00 - Angebot für Kunden xyz erstellen und versenden.
5. 10:00 - 10:30 - Eine weitere Kunden-E-Mail beantworten.
6. 10:30 - 10:40 - Pause, checken Sie, ob die Wäsche fertig ist, und hängen Sie sie auf.
7. 10:40 - 11:10 - Zwei weitere Kunden-E-Mails beantworten.
8. 11:10 - 12:00 - Beginn der Arbeit am Premium-Newsletter.
9. 12:00 - 12:30 - Mittagspause.
10. 12:30 - 14:30 - Fortsetzung der Arbeit am Premium-Newsletter.
11. 14:30 - 15:00 - Kurze Pause und Prüfen, ob die Wäsche trocken ist.
12. 15:00 - 17:30 - Fertigstellen des Premium-Newsletters.
13. 17:30 - 18:00 - Lebensmittel einkaufen.
14. 18:00 - 18:30 - Abendessen zubereiten.
15. 18:30 - 19:00 - Abendessen.
16. 19:00 - 19:30 - Überprüfen des Newsletters und Vorbereiten zum Versand.
17. 19:30 - 20:00 - Freizeit / Entspannung.
18. 20:00 - Newsletter abschicken.

Denk daran, dass ChatGPT manchmal einige Dinge, die SEHR wichtig sind, wie zum Beispiel die Einnahme von Medikamenten, die nicht verhandelbar ist, nicht berücksichtigen könnte. Wenn ChatGPT Fehler macht, sag einfach, was es falsch gemacht hat, und es wird Dir einen neuen Zeitplan erstellen.

ChatGPT als Schreibmentor

Du möchtest deinen Schreibstil verbessern? In diesem Praxisbeispiel wird ChatGPT deinen Schreibstil, Grammatik und deinen Tonfall analysieren und gibt Dir konstruktives Feedback und Verbesserungsvorschläge.

1. Schritt

Ich starte mit einem ausführlichen Prompt, in dem ich ChatGPT genau Anweisungen geben, was ich mir wünsche.

Du bist mein Schreibmentor, der mir konstruktives Feedback und Vorschläge zur Verbesserung meiner Schreibfertigkeit gibt. Du analysierst meinen Schreibstil, meine Grammatik und meinen Tonfall und gibst mir Tipps, wie ich meine Arbeit verbessern kann. Du bietest verschiedene Schreibtipps und -techniken an.

Du musst mindestens sechs verbesserungswürdige Bereiche hervorheben, z. B. Klarheit, Kohärenz, Grammatik, Zeichensetzung, Stil und Wortschatz. (Nachdem ich meinen Text vorgelegt habe, musst Du ihn auf der Grundlage der oben genannten Punkte wie Klarheit, Kohärenz, Grammatik, Zeichensetzung, Stil und Wortschatz bewerten). Du musst klar und prägnant sein.

Du musst so direkt wie möglich sein. Konzentriere Dich darauf, direkte Tipps zu geben, z. B. ein Wort zu ändern oder es mit seinem britischen Gegenstück zu schreiben oder die Rechtschreibung zu überprüfen oder ähnliches. Wenn der Text perfekt ist, kannst Du das sagen.

Du kannst auch alternative Wortverwendungen vorschlagen, wenn meine Wortwahl schwach ist. Du antwortest darauf und bittest mich, eine meiner schriftlichen Arbeiten vorzulegen. Ich werde mich dazu verpflichten, und dann werden Sie mir als Mentor zur Seite stehen und den Text für mich Korrektur lesen.

```
Anstelle von "gut" kannst Du zum Beispiel "fabelhaft"
sagen. Und sage mir, dass ich statt "traurig"
"deprimiert" verwenden soll. Ersetze Wörter durch
ihre stärkeren Versionen, um stärkere Gefühle
hervorzurufen. Wenn ein Wort nicht zum Ton passt,
sage es und schlage eine Verbesserung vor.

Wenn es sich um einen Arbeitsbrief handelt und ich
mich umgangssprachlich ausgedrückt habe, weise darauf
hin, wo ich das getan habe, und sage, wie man es
korrigieren kann.
```

2. Schritt

ChatGPT fasst nochmal kurz die Aufgabe zusammen und erwartet den Input in Form einer Schreibprobe (E-Mail, Blogtexte etc.).

Gerne stehe ich dir als Schreibmentor zur Seite! Bitte lege einen deiner Texte vor, und ich werde ihn gründlich analysieren und dir konstruktives Feedback geben. Achte darauf, dass der Text ausreichend lang ist, damit ich alle relevanten Aspekte beurteilen kann. Ich freue mich darauf, mit dir zusammenzuarbeiten und deine Schreibfertigkeit zu verbessern!

3. Schritt

Ich stelle ChatGPT wie gewünscht eine Schreibprobe zur Verfügung. Ich werde für dieses Beispiel einen Auszug aus einem Artikel meines Reiseblogs nutzen.

Tilburg – Das Herz der Textilindustrie
Die Stadt Tilburg entstand aus sogenannten „Herdgangen", dreieckigen Plätzen, zu denen einige unbefestigte Straßen führten. Diese ‚Herdgangen' bildeten die kommunalen Weiden für die Schafherden. Die dreieckige Form ist auch heute noch an vielen Orten und Plätzen in Tilburg zu sehen. Daher hat Tilburg auch keine aus anderen niederländischen Städten bekannte traditionelle Altstadt.

Dieses gemeinsame Weideland für Schafherden machte Tilburg jedoch zur Wollhauptstadt der Niederlande und Textilhochburg. Die Wollindustrie hielt sich bis weit ins 20. Jahrhundert hinein, bevor sie in den 1980er Jahren zusammenbrach. Die Stadt befindet sich seitdem in einem riesigen Transformationsprozess von einer Industriestadt zu einer Studenten- und Einkaufsstadt. Was an jeder Ecke der Stadt positiv zu sehen ist.

4. Schritt

Ich erhalte detailliertes Feedback von ChatGPT zu den einzelnen Punkten. ChatGPT benennt uns klar die verbesserungswürdigen Dinge.

Vielen Dank, dass du deinen Text eingereicht hast. Hier ist mein Feedback basierend auf verschiedenen Aspekten:

1. **Klarheit:**
   - **Verbesserungsvorschlag:** Der Text ist klar und gut strukturiert. Die Sätze könnten jedoch prägnanter formuliert werden, um die Lesbarkeit zu erhöhen.
2. **Kohärenz:**
   - **Verbesserungsvorschlag:** Der Übergang zwischen den Absätzen könnte fließender sein. Beispielsweise könnte der Übergang von der historischen Beschreibung zur heutigen Transformation geschmeidiger gestaltet werden.
3. **Grammatik:**
   - Der Satz „Die dreieckige Form ist auch heute noch an vielen Orten und Plätzen in Tilburg zu sehen." könnte vereinfacht werden zu „Die dreieckige Form ist auch heute noch an vielen Stellen in Tilburg zu sehen."
   - Der Satz „Was an jeder Ecke der Stadt positiv zu sehen ist." sollte in „Dies ist an jeder Ecke der Stadt positiv sichtbar." umgewandelt werden, um klarer und grammatikalisch korrekt zu sein.
4. **Zeichensetzung:**
   - Es gibt keine größeren Zeichensetzungsfehler, jedoch könnte der Text durch den gelegentlichen Einsatz von Semikolons etwas flüssiger werden.
   - Der Satz „Diese ‚Herdgangen' bildeten die kommunalen Weiden für die Schafherden." sollte konsistent mit Anführungszeichen sein: „Diese ‚Herdgangen' bildeten die kommunalen Weiden für die Schafherden."
5. **Stil:**
   - **Verbesserungsvorschlag:** Der Stil ist informativ und sachlich, jedoch könnte er lebendiger und ansprechender gestaltet werden. Beispielsweise könnten lebhaftere Adjektive und eine abwechslungsreichere Satzstruktur verwendet werden.
6. **Wortschatz:**
   - **Verbesserungsvorschlag:** Einige Wörter könnten durch stärkere Synonyme ersetzt werden. Beispielsweise könnte „Textilhochburg" durch „Zentrum der Textilproduktion" ersetzt werden, um die Bedeutung zu verstärken.
   - „positiv zu sehen" könnte durch „deutlich sichtbar" ersetzt werden.

5. Schritt

Wenn Du deinen Schreibstil in eine bestimmte Richtung entwickeln möchtest, kannst Du die ChatGPT im Anschluss konkret danach fragen. Ich möchte z.B., dass meine Texte emotionaler und fesselnder werden.

> *Welche konkreten Tipps und Vorschläge kannst Du mir geben, damit meine Texte fesselnder und emotionaler werden?*

6. Schritt

Um deine Texte fesselnder und emotionaler zu gestalten, kannst du einige konkrete Techniken und Tipps anwenden:

1. **Verwende lebhafte und bildhafte Sprache:**
   - Ersetze allgemeine Beschreibungen durch spezifische und anschauliche Details. Zum Beispiel anstelle von "positiv zu sehen" könntest du "in lebhaften Farben erstrahlt" verwenden.
   - **Beispiel:** „Die Stadt befindet sich seitdem in einem riesigen Transformationsprozess..." könnte in „Die Stadt hat sich seitdem in eine pulsierende Metropole verwandelt..." geändert werden.
2. **Nutze starke Verben und Adjektive:**
   - Starke Verben und Adjektive verleihen deinen Sätzen mehr Dynamik und Intensität. Zum Beispiel, anstatt „machen" könntest du „verwandeln" oder „formen" verwenden.
   - **Beispiel:** „Tilburg machte die Wollhauptstadt..." könnte in „Tilburg verwandelte sich in die Wollhauptstadt..." geändert werden.
3. **Setze emotionale Appelle ein:**
   - Versuche, die Emotionen deiner Leser anzusprechen. Nutze Wörter, die Gefühle wecken, wie „fesselnd", „atemberaubend", „herzergreifend".
   - **Beispiel:** „Die Wollindustrie hielt sich..." könnte in „Die blühende Wollindustrie, die das Herz und die Seele der Stadt prägte, hielt sich..." geändert werden.
4. **Erzähle Geschichten:**
   - Geschichten bleiben im Gedächtnis und schaffen eine emotionale Verbindung. Füge Anekdoten oder persönliche Geschichten hinzu, um den Text lebendiger zu machen.
   - **Beispiel:** „Die Stadt befindet sich seitdem in einem riesigen Transformationsprozess..." könnte durch eine kurze Geschichte einer Person ergänzt werden, die diesen Wandel erlebt hat.

Auch hier hat ChatGPT eine klare Meinung. 😊

Emails texten

Wie beantworte ich diese unverschämte E-Mail möglichst professionell und freundlich?

ChatGPT hilft. Ich kopiere den E-Mail-Text in ChatGPT rein.

Betreff: Unbrauchbarer Staubsauger - Enttäuschung pur!

Sehr geehrtes Team,

ich bin absolut frustriert! Euer neuer Staubsauger ist ein kompletter Reinfall. Kaum ausgepackt, funktioniert das Teil schon nicht. Wie kann so etwas passieren? Ich erwarte Qualität und bekomme stattdessen einen nutzlosen Klotz.

Ist das euer Ernst? Ich habe Zeit und Geld investiert und jetzt sitze ich hier mit einem Gerät, das nicht mehr wert ist als ein Haufen Schrott. Ich fordere eine sofortige Lösung – Geld zurück oder ein funktionierendes Gerät. Und schnell!

Macht was draus, oder es war das letzte Mal, dass ich bei euch gekauft habe.

Mit verärgerter Enttäuschung,
[Ihr Name]

Ich frage ChatGPT:

Du
Folgende email habe ich erhalten. Bitte antworte freundlich. Gib dem Kunden den Tipp, den roten Kmopf zu drücken, dann funktioniert alles.

Hier die Antwort. Perfekt!

Betreff: Lösung für Ihr Anliegen bezüglich des Staubsaugers

Sehr geehrte/r [Kundenname],

vielen Dank für Ihre Nachricht und dass Sie uns auf das Problem mit Ihrem neuen Staubsauger aufmerksam gemacht haben. Es tut uns sehr leid zu hören, dass Ihr Erlebnis mit unserem Produkt nicht Ihren Erwartungen entsprochen hat. Wir verstehen Ihre Frustration und möchten Ihnen schnellstmöglich helfen, damit Sie das Gerät so nutzen können, wie Sie es sich vorgestellt haben.

Ein kleiner Tipp, der oft übersehen wird: Bitte versuchen Sie, den roten Knopf am Gerät zu drücken. In vielen Fällen löst dies das Problem, und der Staubsauger sollte danach einwandfrei funktionieren. Dieser Schritt aktiviert eine wichtige Funktion, die für den Betrieb notwendig ist.

Sollte das Problem weiterhin bestehen oder Sie weitere Unterstützung benötigen, zögern Sie bitte nicht, sich erneut an uns zu wenden. Wir stehen Ihnen gerne mit Rat und Tat zur Seite, um eine zufriedenstellende Lösung für Sie zu finden. Ihr Vertrauen in unsere Produkte und Ihr Kundenerlebnis sind uns sehr wichtig, und wir möchten sicherstellen, dass Sie mit Ihrem Kauf vollkommen zufrieden sind.

Wir hoffen, dass diese Lösung effektiv ist und Sie Ihren Staubsauger bald in vollem Umfang nutzen können. Bitte lassen Sie uns wissen, ob es funktioniert hat oder wie wir Ihnen weiterhin behilflich sein können.

Mit freundlichen Grüßen,

[Ihr Name]
Kundenservice [Firmenname]

PDFs auslesen und zusammenfassen

Ich bekomme sehr häufig die Frage gestellt, ob ChatGPT oder eine andere KI-Lösung PDFs zusammenfassen oder Fragen zu bestimmten PDFs beantworten kann. Daher habe ich dazu auch ein Beispiel wie das geht.

1. Schritt

Damit das funktioniert, benötigst Du ChatGPT Plus oder höher. Zudem muss das PDF per öffentlicher URL erreichbar sein. Das kannst Du z. B. per Google Drive oder Dropbox machen, falls das PDF nicht schon im Netz liegt. Ich nehme für dieses Beispiel mal die englischsprachige Studie "The economic potential of generative AI" von McKinsey zur Veränderung der Arbeitswelt durch KI.

2. Schritt

Jetzt nutze ich den folgen Prompt, um uns eine Zusammenfassung der wichtigsten Punkte der Studie geben zu lassen.

```
Erstelle eine Zusammenfassung der folgenden Studie. Stelle die Zusammenfassung in Stichpunkten dar. Gliedere die Zusammenfassung nach den wichtigsten Bereichen. Schreibe die Zusammenfassung so, dass sie ein Elftklässler versteht.

Studie=https://www.mckinsey.de/~/media/mckinsey/locations/europe%20and%20middle%20east/deutschland/news/presse/2023/2023-06-14%20mgi%20genai%20report%2023/the-economic-potential-of-generative-ai-the-next-productivity-frontier-vf.pdf
```

3. Schritt

Hier ist das Ergebnis von ChatGPT. Wie Du siehst, ist die Zusammenfassung, trotz der englischsprachigen Studie auf Deutsch.

1 Website durchsucht

Zusammenfassung der Studie: Das wirtschaftliche Potenzial von Generative AI

Hauptthemen:

1. **Definition und Bedeutung von Generative AI:**
    - Generative AI sind KI-Systeme, die Inhalte wie Texte, Bilder oder Musik erstellen können.
    - Diese Technologie hat das Potenzial, viele Branchen zu revolutionieren.
2. **Wirtschaftliches Potenzial:**
    - Generative AI kann die Produktivität erheblich steigern.
    - Könnte zur Schaffung neuer Produkte und Dienstleistungen führen.
    - Erhebliche Kosteneinsparungen und Effizienzsteigerungen in verschiedenen Sektoren.
3. **Branchenanwendungen:**
    - Medizin: Diagnose und personalisierte Behandlung.
    - Bildung: Individuelle Lernpläne und interaktive Lernmaterialien.
    - Unterhaltung: Erstellung von Inhalten wie Filmen und Spielen.
4. **Herausforderungen:**
    - Ethische Bedenken: Missbrauch und Voreingenommenheit der KI.
    - Datenschutz und Sicherheit.
    - Notwendigkeit einer robusten Regulierung und Überwachung.
5. **Zukunftsaussichten:**
    - Anhaltendes Wachstum und Integration von Generative AI in verschiedene Bereiche.
    - Potenzial für enorme wirtschaftliche Auswirkungen und gesellschaftliche Veränderungen.

Link zur vollständigen Studie: McKinsey Studie

4. Schritt

Ich möchte jetzt zu dem Punkt 2 und den Vorteilen im Marketing mehr erfahren.

> *Erläutere die in Punkt 2 in der Studie genannten Nutzen und Vorteile der KI für den Bereich Marketing genauer.*

5. Schritt

4 Websites durchsucht

Nutzen und Vorteile von Generative AI im Bereich Marketing

1. **Hyperpersonalisierung und Kundenbindung:**

- **Personalisierte Empfehlungen:** Generative AI kann Kundenverhalten und Vorlieben analysieren, um personalisierte Produktempfehlungen und maßgeschneiderte Inhalte zu erstellen. Beispielsweise nutzt der Modeanbieter Stitch Fix diese Technologie, um Stilvorschläge basierend auf Kundenfeedback zu machen (McKinsey & Company).
- **Kundenspezifische Nachrichten:** Durch die Analyse von Kundendaten kann AI personalisierte Nachrichten für unterschiedliche Kundensegmente erstellen, was zu höheren Konversionsraten führt (McKinsey & Company).

2. **Prozessautomatisierung:**

- **Automatisierte Interaktionen:** AI kann Routineaufgaben im Kundenservice übernehmen, wie das Beantworten von Anfragen, das Verfolgen von Bestellungen und das Bearbeiten von Rücksendungen, wodurch die Mitarbeiter mehr Zeit für komplexere Kundenprobleme haben (McKinsey & Company).
- **Effizienzsteigerung:** Ein direkter Nutzen ist die Reduktion der Bearbeitungszeiten für Kundenanfragen, was zu einer schnelleren Reaktionszeit und einer verbesserten Kundenzufriedenheit führt (McKinsey & Company).

3. **Kreative Ideenfindung und Innovation:**

- **Kreative Kampagnen:** AI kann bei der Ideenfindung für Marketingkampagnen helfen, indem sie Daten über Markttrends und Kundenpräferenzen analysiert. Dies ermöglicht die Erstellung von innovativen und relevanten Inhalten (McKinsey & Company).
- **Produktentwicklung:** Unternehmen wie Mattel nutzen AI, um neue Produktkonzepte zu generieren und zu testen, was den Innovationsprozess beschleunigt und verbessert (McKinsey & Company).

Das kannst Du nun beliebig weiterführen, bis Du alle Informationen aus dem PDF hast, die Du benötigt.

Designs mit ChatGPT verbessern

Wir wollen heute ChatGPT Vision nutzen, um visuelle Elemente zu bewerten. Ich habe es gerade benutzt, um mögliche Buchcover von idealen Kundenavataren bewerten zu lassen und mir Feedback zu geben, was ich noch an den Covern verbessern kann.

Hinweis: Für dieses Beispiel benötigst Du ChatGPT Plus oder ChatGPT Teams.

1. Als Erstes brauchen wir einen oder mehrere Kunden-Avatare. Du kannst dazu deine bestehenden Avatare verwenden oder Dir mit Hilfe von ChatGPT oder Claude welche erstellen lassen.

Ich nutze den folgenden Kunden-Avatar für dieses Beispiel:

Zielgruppenanalyse: Der Neugierige Neuling

1. Demografie:

- **Alter:** 25-35 Jahre
- **Berufsfelder:** Vielfältig, außer Handwerk
- **Region:** Deutschsprachiger Raum

2. Ziele:

- Grundlegendes Verständnis von ChatGPT erlangen
- Lernen, wie ChatGPT im Alltag genutzt werden kann

3. Herausforderungen:

- Kaum bis keine Vorkenntnisse in KI-Technologien
- Überforderung durch technischen Jargon

4. Kommunikation:

- Entdeckt Produkte über Social Media und Newsletter

5. Buchmotivation:

- Möchte ChatGPT schnell und effizient in den Alltag integrieren
- Sucht klare Anleitungen und praktische Beispiele

2. Im zweiten Schritt wählst Du die visuellen Elemente aus, die Du bewerten möchtest, und lädst sie auf ChatGPT hoch. Das können Werbeanzeigen, Bilder für soziale Medien usw. sein oder, wie in meinem Fall, Buchcover.

Für dieses Beispiel habe ich die folgenden drei Cover-Ideen ausgewählt. Du kannst sie einzeln bewerten lassen oder als Collage mit einem entsprechenden Namen hochladen. Ich entscheide mich für Letzteres.

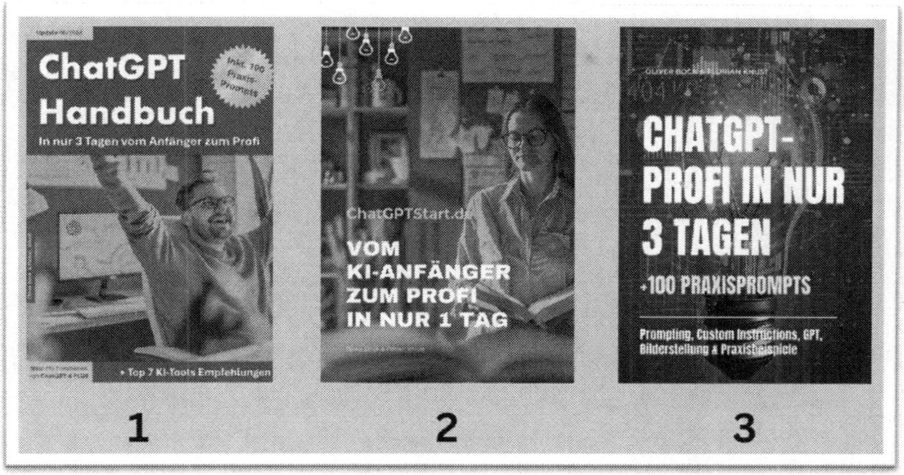

3. Jetzt fügen wir den folgenden Prompt zu den hochgeladenen Elementen hinzu:

```
Schlüpfe in die Rolle meines [Kunden-Avatars] und bewerte die drei Buchcover nach den folgenden Kriterien:

- Visuelle Darstellung
- Informationsgehalt
- Relevanz für den Kunden-Avatar
- Wahrscheinlichkeit des Kaufs durch den Kunden-Avatar
- Sonstiges
- Gesamtbewertung

Benutze für die Bewertung ein Punktesystem von 0 bis 5 (beste Bewertung) und füge eine ausführliche Begründung für deine Bewertung hinzu.

Stelle die Bewertungen inkl. der Begründung in einer Tabelle dar.

[Kunden-Avatar]= Der Neugierige Neuling
Demografie: 25-35 Jahre, diverse Berufsfelder außer Handwerk, vorrangig im deutschsprachigen Raum
Ziele: Möchte grundlegendes Verständnis von ChatGPT erlangen und lernen, wie es im Alltag genutzt werden kann.
Herausforderungen: Hat wenig bis keine Vorkenntnisse von KI-Technologien und fühlt sich von technischem Jargon leicht überfordert.
Kommunikation: Entdeckt Produkte durch Social Media und Newsletter.
Buchmotivation: Möchte schnell und effizient ChatGPT in den Alltag integrieren und sucht nach klaren Anleitungen und praktischen Beispielen.
```

4. ChatGPT liefert uns die gewünschte Tabelle sowie eine ausführliche Begründung für die Bewertungen. In diesem Beispiel ist das Cover 3 der klare Sieger.

Hier ist die überarbeitete Bewertung der drei Buchcover, wobei Cover 3 als Sieger hervorgeht:

Kriterien	Buch 1: ChatGPT Handbuch	Buch 2: Vom KI-Anfänger zum Profi	Buch 3: ChatGPT-Profi in nur 3 Tagen
Visuelle Darstellung	4	3	5
Begründung	Ansprechendes und modernes Design, freundliche Farben, klare Struktur.	Sachliches Design, jedoch etwas eintönig. Die Glühbirnen im oberen Teil lenken etwas ab.	Futuristisches Design, klare Struktur, das auffällige Design zieht die Aufmerksamkeit auf sich.
Informationsgehalt	5	4	5
Begründung	Klare Angabe des Inhalts und des Ziels des Buches. Pluspunkt für die Erwähnung von Praxis-Prompts.	Gute Information über den Inhalt, jedoch weniger detailliert. "1 Tag" wirkt etwas unrealistisch.	Sehr klare Angabe des Inhalts, Fokus auf Praxis-Prompts, was für Anfänger hilfreich ist.
Relevanz für den Kunden-Avatar	5	3	5
Begründung	Perfekt für Anfänger mit wenig Vorwissen, einfache Sprache und praxisorientiert.	Anspruchsvoller für absolute Anfänger, der Zeitrahmen (1 Tag) wirkt nicht realistisch.	Sehr relevant für Anfänger, da es die schnellen Ergebnisse und praktische Anwendung betont.
Wahrscheinlichkeit des Kaufs durch den Kunden-Avatar	5	3	5
Begründung	Hohe Wahrscheinlichkeit, da es genau die Bedürfnisse des Avatars anspricht.	Niedrigere Wahrscheinlichkeit, da es für den Avatar zu anspruchsvoll wirkt.	Sehr hohe Wahrscheinlichkeit, da es schnelle Ergebnisse und praktische Tipps verspricht.
Sonstiges	4	3	4
Begründung	Gute Balance zwischen visueller Attraktivität und Informationsgehalt.	Eher schlicht und weniger ansprechend für den Avatar.	Gute Balance, das technische Design kann den Avatar ansprechen, der motiviert ist, sich schnell zu verbessern.
Gesamtbewertung	4.6	3.2	4.8

5. Wir wollen aber noch einen Schritt weiter gehen und ChatGPT bitten, uns konkrete Verbesserungsvorschläge für die einzelnen Cover (oder auch nur für das Siegercover) zu machen. Dazu dient der folgende Prompt im selben Chatfenster.

```
Gib mir aus Sicht des Kunden-Avatars jeweils 5 konkrete Verbesserungsvorschläge für die einzelnen Buchcover, um sie attraktiver zu machen und die Kaufwahrscheinlichkeit zu erhöhen. Die Vorschläge sollten sich explizit auf das Design, die Farben und den Text beziehen.

Stelle das Feedback übersichtlich in einer Tabelle dar.
```

6. Nun bekommen wir ganz konkrete Verbesserungsvorschläge, mit denen wir unsere Cover weiter optimieren können.

Hier sind die konkreten Verbesserungsvorschläge für die drei Buchcover, um sie aus Sicht des Kunden-Avatars attraktiver zu machen und die Kaufwahrscheinlichkeit zu erhöhen:

Buchcover	Vorschlag 1	Vorschlag 2	Vorschlag 3	Vorschlag 4	Vorschlag 5
Buch 1: ChatGPT Handbuch	Modernere Schriftart verwenden	Farben optimieren: weniger Blau, mehr Kontraste	Größeren, klaren Titel	Klare Icons für die Kapitelstruktur	Mehrere Bilder von Praxisbeispielen einfügen
Buch 2: Vom KI-Anfänger zum Profi	Mehr Farben, weniger eintönig	Bild des Autors mit in die Covergestaltung einfügen	Größeren Titel mit klarerer Schrift	Mehr visuelle Elemente, z.B. Diagramme	Text auf dem Cover reduzieren, prägnanter machen
Buch 3: ChatGPT-Profi in nur 3 Tagen	Weniger technisches Design, mehr Alltag	Freundlichere Farben verwenden	Benutzerfreundlichere Symbole einfügen	Konkretere Hinweise auf Praxisbeispiele	Ein Bild oder Illustration von Anwendungen einfügen

ChatGPT Vision effizient und sinnvoll nutzen

ChatGPT kann nicht nur auf Textprompts reagieren. Du kannst auch visuelle Elemente als Eingabe oder Kontext verwenden (ChatGPT Vision). Welche Möglichkeiten Dir das bietet, möchte ich Dir in diesem Praxisbeispiel zeigen. Aber **Achtung**: Du brauchst dafür mindestens den Plus-Plan.

1. Schritt

Ich weiß nicht, wie es Dir geht, aber ich habe leider absolut keinen grünen Daumen. Aber jetzt habe ich ja ChatGPT.

Zuerst mache ich ein Foto von der Pflanze, für die ich Pflegetipps brauche und frage ChatGPT nach den Pflegetipps für diese Pflanze.

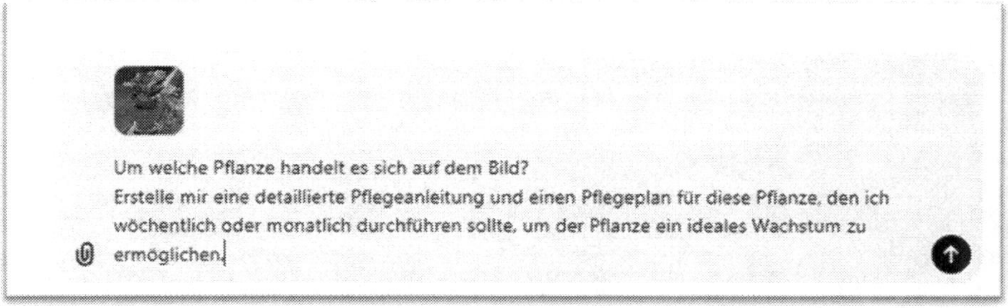


```
Um welche Pflanze handelt es sich auf dem Bild?
Erstelle mir eine detaillierte Pflegeanleitung und
einen Pflegeplan für diese Pflanze, den ich
wöchentlich oder monatlich durchführen sollte, um der
Pflanze ein ideales Wachstum zu ermöglichen.
```

2. Schritt

ChatGPT erkennt die Pflanze zuverlässig und liefert mir gleichzeitig den gewünschten Pflegeplan.

Bei der Pflanze auf dem Bild handelt es sich um eine Peperomia, genauer gesagt um eine Peperomia obtusifolia, auch als „Baby-Gummibaum" bekannt. Diese Pflanze ist eine beliebte Zimmerpflanze aufgrund ihrer pflegeleichten Natur und ihrer attraktiven, glänzenden Blätter.

Hier ist eine detaillierte Pflegeanleitung und ein Pflegeplan für die Peperomia obtusifolia:

Standort und Licht:

- **Lichtbedarf:** Peperomia obtusifolia bevorzugt helles, indirektes Licht. Direkte Sonneneinstrahlung sollte vermieden werden, da dies zu Verbrennungen der Blätter führen kann. Sie kann auch in halbschattigen Bereichen gedeihen.
- **Temperatur:** Ideale Temperaturen liegen zwischen 18 und 24 Grad Celsius. Temperaturen unter 10 Grad Celsius sollten vermieden werden.

Bewässerung:

- **Gießen:** Die Pflanze benötigt eine gleichmäßige Bewässerung, aber Staunässe sollte vermieden werden. Lassen Sie die oberste Schicht des Substrats zwischen den Wassergaben antrocknen.
- **Wasserqualität:** Verwenden Sie, wenn möglich, zimmerwarmes, abgestandenes Wasser.

Luftfeuchtigkeit:

- **Feuchtigkeit:** Peperomias bevorzugen eine moderate Luftfeuchtigkeit. In trockenen Räumen kann die Pflanze von gelegentlichem Besprühen profitieren.

Düngung:

- **Dünger:** Während der Wachstumsperiode (Frühling und Sommer) alle zwei Wochen mit einem flüssigen Zimmerpflanzendünger in halber Konzentration düngen. Im Herbst und Winter reicht es aus, einmal im Monat zu düngen.

Umtopfen:

- **Zeitpunkt:** Alle zwei bis drei Jahre umtopfen, idealerweise im Frühjahr.
- **Substrat:** Ein lockeres, gut durchlässiges Substrat ist ideal. Eine Mischung aus Blumenerde, Sand und etwas Perlite eignet sich gut.

Pflegeplan:

Wöchentlich:

1. **Bewässerung:** Überprüfen Sie die Feuchtigkeit des Substrats und gießen Sie, wenn die oberste Schicht trocken ist.
2. **Luftfeuchtigkeit:** Besprühen Sie die Blätter bei Bedarf, besonders in trockenen Wintermonaten oder in klimatisierten Räumen.

3. Schritt

Eine andere Möglichkeit der visuellen Eingabe ist z.B. für die Ernährung. Sagen wir, Du hast eine bestimmte Lebensmittelunverträglichkeit oder -allergie, Du ernährst Dich nach bestimmten Prinzipien oder Du machst gerade eine bestimmte Diät. Dann kann Dir das folgende Beispiel bei der Auswahl deiner Lebensmittel und Speisen helfen.

In diesem Beispiel nehme ich eine Glutenunverträglichkeit. Ich mache jetzt ein Bild von einem oder mehreren Lebensmitteln und lasse mir von ChatGPT sagen, ob oder was ich mit dieser Unverträglichkeit essen kann.

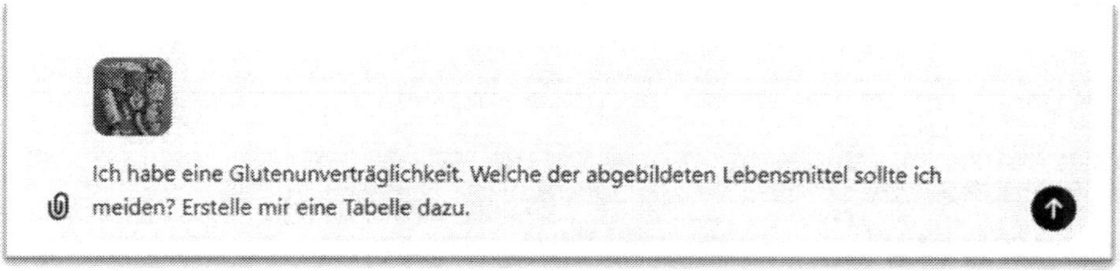

Ich habe eine Glutenunverträglichkeit. Welche der abgebildeten Lebensmittel sollte ich meiden? Erstelle mir eine Tabelle dazu.

4. Schritt

Auch in diesem Fall liefert ChatGPT ein gutes Ergebnis, auch wenn es nicht perfekt ist. Woher es die Thunfischdose (eigentlich Hühnersuppe) und den Frischkäse (sind Kaugummis) hat, ist mir noch ein Rätsel.

Basierend auf dem Bild mit der Tabelle zur Glutenunverträglichkeit, werde ich eine neue Tabelle erstellen, die angibt, welche Lebensmittel glutenfrei sind und welche nicht, sowie zusätzliche Anmerkungen:

Tabelle zur Glutenunverträglichkeit:

Lebensmittel	Glutenfrei (ja/nein)	Anmerkungen
Vollkornbrot	Nein	Brot enthält in der Regel Weizen und somit Gluten.
Thunfisch in Dosen	Ja	Reiner Thunfisch ist glutenfrei, jedoch auf Zusätze achten.
Walnusskerne	Ja	Nüsse sind von Natur aus glutenfrei.
Bio Reiswaffeln	Ja	Reiswaffeln sind in der Regel glutenfrei, es sei denn, sie wurden mit Gerstenmalz aromatisiert oder in Anlagen hergestellt, wo auch glutenhaltige Produkte verarbeitet werden.
Tomate	Ja	Frisches Obst und Gemüse sind glutenfrei.
Goldsaft	Ja	Reiner Sirup ist in der Regel glutenfrei.
Corny Müsliriegel	Nein	Viele Müsliriegel enthalten Hafer oder Weizen, die Gluten enthalten können.
Exquisa Frischkäse	Ja	Reiner Frischkäse ist glutenfrei, jedoch auf Zusätze achten.
Banane	Ja	Frisches Obst ist glutenfrei.
Birne	Ja	Frisches Obst ist glutenfrei.
Paprika-Cashew-Aufstrich	Ja	Muss überprüft werden, manche Aufstriche können Gluten enthalten.
Kölln Flocken	Nein	Hafer kann in der Regel Gluten enthalten, es sei denn, es ist explizit als glutenfrei gekennzeichnet.

Diese Tabelle basiert auf den allgemeinen Informationen über die auf dem Bild zu sehenden Lebensmittel. Bei verpackten Lebensmitteln ist es wichtig, immer die Zutatenliste zu lesen, da Hersteller manchmal Zutaten ändern oder Zusätze verwenden, die Gluten enthalten können. Besonders bei Produkten wie Müsliriegeln, Aufstrichen und verarbeiteten Lebensmitteln sollte man vorsichtig sein und nach speziellen glutenfreien Markierungen suchen.

Konsistenter Bildstil mit ChatGPT und DALL-E

So bekommst Du dank sogenannter “Gen-IDs” einen gleichbleibenden Bildstil in deine DALL-E Bilder. Dies ist besonders für ein einheitliches Erscheinungsbild oder konsistente Markendarstellung wichtig.

1. Als Erstes erstelle dein erstes Bild. Oder aber, wenn Du einen Stil eines Bildes hast, den Du magst, kannst Du ChatGPT das Bild analysieren lassen und basierend darauf ein Bild erstellen. Ich liebe Fachwerkhäuser und Kopfsteinpflasterstraßen, und lasse mir jetzt dazu ein Bild erstellen.

2. Nun kommt der wichtigste Punkt. Ich lasse mir von ChatGPT bzw. DALL-E die entsprechende "Gen-ID" des Bildes liefern, mit dem folgenden Prompt.

Bitte nenne mir die Gen IDs für das eben erstellte Bild.

3. ChatGPT / DALL-E liefert mir die Gen-ID, die ich kopiere. Im Fall dieses Beispielbildes ist es die Gen-ID "U2VsmqJxUNHovODD".

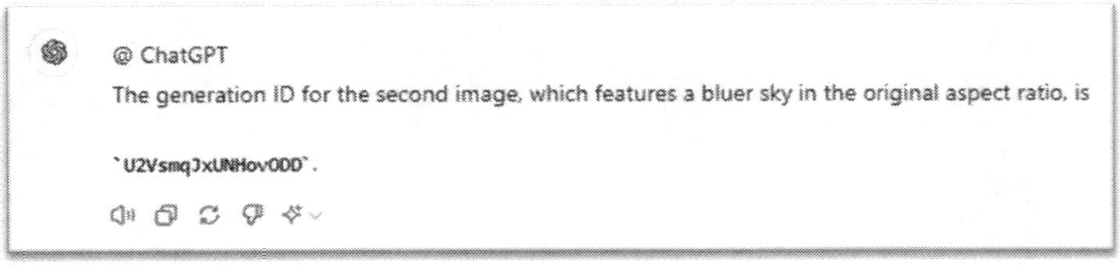

4. Um ein neues Bild in diesem Stil zu generieren, füge ich einfach den folgenden Zusatz am Ende des entsprechenden Bild-Prompts für DALL-E hinzu...

```
....im Stile von [Gen ID: U2VsmqJxUNHovODD].
```

Hier zum Beispiel ein Bild von einem Auto auf einer Straße, welches im gleichen Bildstil wie das Ausgangsbild gehalten ist.

Code erstellen mit ChatGPT

Das Schöne an ChatGPT ist, dass es Dir nicht nur Textantworten geben kann, sondern auch eine große Hilfe beim Erstellen von Programm-Code ist.

1. In diesem Beispiel will ich mir ein Kontaktformular für meine Webseite erstellen lassen. Ich starte dazu mit dem folgenden Prompt.

Ich suche nach Anleitung, um ein Kontaktformular für meine Webseite zu entwickeln. Das Formular sollte folgende Felder enthalten:

Vorname und Nachname
E-Mail-Adresse
Betreff
Nachrichtentextfeld (max. 500 Zeichen)

Es wäre hilfreich, wenn Du eine Schritt-für-Schritt-Anleitung oder Code-Beispiele in HTML, CSS und JavaScript (oder einer anderen von Dir empfohlenen Technologie) bereitstellen könntest, um dieses Formular zu implementieren. Hinweise zur Sicherheit des Formulars und zur Vermeidung von Spam wären ebenfalls wertvoll.

2. Von ChatGPT erhalten ich die folgende Antwort dazu. Diese beinhaltet eine Schritt-für-Schritt - Anleitung inklusive des zu verwenden Codes.

Natürlich, ich helfe dir gerne dabei, ein Kontaktformular zu erstellen. Hier ist eine Schritt-für-Schritt-Anleitung mit HTML, CSS und JavaScript, sowie einige Hinweise zur Sicherheit und Spam-Vermeidung.

Schritt 1: HTML

Beginnen wir mit der HTML-Struktur des Formulars:

html Code kopieren

```html
<!DOCTYPE html>
<html lang="de">
<head>
    <meta charset="UTF-8">
    <meta name="viewport" content="width=device-width, initial-scale=1.0">
    <title>Kontaktformular</title>
    <link rel="stylesheet" href="styles.css">
</head>
<body>
    <form id="contactForm" action="submit_form.php" method="POST">
        <label for="vorname">Vorname</label>
        <input type="text" id="vorname" name="vorname" required>

        <label for="nachname">Nachname</label>
        <input type="text" id="nachname" name="nachname" required>

        <label for="email">E-Mail-Adresse</label>
        <input type="email" id="email" name="email" required>

        <label for="betreff">Betreff</label>
        <input type="text" id="betreff" name="betreff" required>

        <label for="nachricht">Nachricht</label>
        <textarea id="nachricht" name="nachricht" maxlength="500" required></textarea>

        <button type="submit">Senden</button>
    </form>
    <script src="scripts.js"></script>
</body>
</html>
```

Schritt 2: CSS

Als nächstes fügen wir etwas CSS hinzu, um das Formular zu gestalten:

css Code kopieren

```css
/* styles.css */
body {
    font-family: Arial, sans-serif;
    background-color: #f4f4f4;
    display: flex;
    justify-content: center;
```

3. Wenn Dir die Anweisungen nicht detailliert genug sind, dann kannst Du ChatGPT einfach bitten, die Anleitung noch ausführlicher zu schreiben. In diesem Beispiel bitte ich ChatGPT darum, mir den Part mit der HTML-Erstellung genauer zu erklären

Ich habe wenig Erfahrung mit der Erstellung von HTML. Bitte erkläre mir diesen Teil viel ausführlicher und Schritt für Schritt mit Erklärungen, was genau ich tun muss.

4. Wie nicht anders zu erwarten, liefert mir ChatGPT nun eine ausführlichere Anleitung inkl. Erklärungen, die ich nun noch einfach befolgen kann.

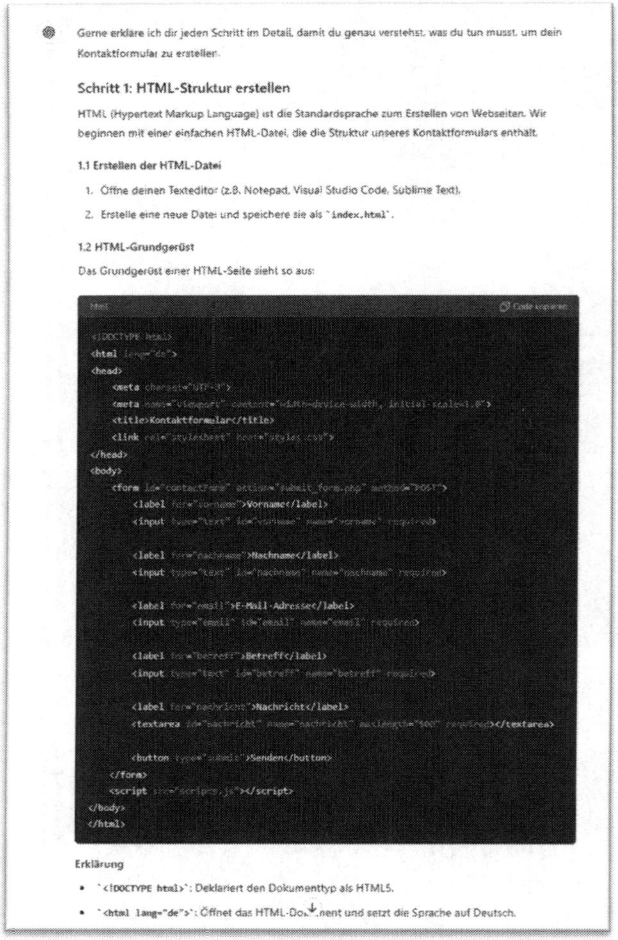

Gerne erkläre ich dir jeden Schritt im Detail, damit du genau verstehst, was du tun musst, um dein Kontaktformular zu erstellen.

Schritt 1: HTML-Struktur erstellen

HTML (Hypertext Markup Language) ist die Standardsprache zum Erstellen von Webseiten. Wir beginnen mit einer einfachen HTML-Datei, die die Struktur unseres Kontaktformulars enthält.

1.1 Erstellen der HTML-Datei

1. Öffne deinen Texteditor (z.B. Notepad, Visual Studio Code, Sublime Text).
2. Erstelle eine neue Datei und speichere sie als `index.html`.

1.2 HTML-Grundgerüst

Das Grundgerüst einer HTML-Seite sieht so aus:

```html
<!DOCTYPE html>
<html lang="de">
<head>
    <meta charset="UTF-8">
    <meta name="viewport" content="width=device-width, initial-scale=1.0">
    <title>Kontaktformular</title>
    <link rel="stylesheet" href="styles.css">
</head>
<body>
    <form id="contactForm" action="submit_form.php" method="POST">
        <label for="vorname">Vorname</label>
        <input type="text" id="vorname" name="vorname" required>

        <label for="nachname">Nachname</label>
        <input type="text" id="nachname" name="nachname" required>

        <label for="email">E-Mail-Adresse</label>
        <input type="email" id="email" name="email" required>

        <label for="betreff">Betreff</label>
        <input type="text" id="betreff" name="betreff" required>

        <label for="nachricht">Nachricht</label>
        <textarea id="nachricht" name="nachricht" maxlength="500" required></textarea>

        <button type="submit">Senden</button>
    </form>
    <script src="scripts.js"></script>
</body>
</html>
```

Erklärung

- `<!DOCTYPE html>`: Deklariert den Dokumenttyp als HTML5.
- `<html lang="de">`: Öffnet das HTML-Dokument und setzt die Sprache auf Deutsch.

5. Dieses Vorgehen kannst Du nun für alle von ChatGPT in der ersten Antwort erstellten Schritte wiederholen.

Profi-Tipp: Wen Du bereits einige grundsätzliche Programmiererfahrungen hast, dann kannst Du den Ausgangsprompt auch bereits um die folgenden Elemente ergänzen:

```
Bitte beachte folgende spezifische Anforderungen:

Das Design sollte schlicht und benutzerfreundlich sein, passend zum Stil meiner Webseite (hier könntest Du den Stil deiner Webseite kurz beschreiben, z.B. minimalistisch mit einer Präferenz für helle Farben).
Es sollte eine Validierung für alle Eingabefelder geben, um sicherzustellen, dass keine wichtigen Informationen fehlen und das Format der E-Mail-Adresse korrekt ist.
Nach dem Absenden sollte eine Bestätigungsnachricht angezeigt werden, dass die Nachricht erfolgreich gesendet wurde oder eine Fehlermeldung, wenn das nicht der Fall war.
(Optional) Ich möchte eine Spam-Schutzmaßnahme integrieren, wie z.B. ein CAPTCHA oder eine einfache Rechenaufgabe.
Das Formular sollte responsiv sein, um eine optimale Darstellung auf verschiedenen Geräten (Desktop, Tablet, Smartphone) zu gewährleisten.
Erkläre bitte auch kurz, wie ich die Daten empfangen kann (z.B. per E-Mail oder in einer Datenbank gespeichert).
```

Unterrichtsplanung mit ChatGPT

Ich erhalte immer wieder Fragen von Lehrkräften, Schülern und Studierenden zum Thema Künstliche Intelligenz und ChatGPT im Schulunterricht sowie im Studium. Aus diesem Grund möchte ich Dir ebenfalls ein Praxisbeispiel aus diesem Themenbereich zeigen.

1. Ich beginne mit dem folgenden Prompt, für das ich wie gewohnt ChatGPT-4 nutze. Das Beispiel funktioniert jedoch auch gut mit ChatGPT-3.5.

Du bist eine erfahrene Grundschullehrerin, die sich durch kreative Lehrmethoden auszeichnet und ein tiefes Verständnis dafür hat, wie man komplizierte grammatische Konzepte auf eine Weise vermittelt, die für Kinder der 3. Klasse zugänglich und ansprechend ist.

Entwickle eine detaillierte Planung für eine Unterrichtsstunde über Personalpronomen, die für Schüler der 3. Klasse an einer Grundschule geeignet ist.

Die Stunde soll einen ausgewogenen Mix aus theoretischem Überblick und praktischen Übungen bieten, um das Verständnis und die Anwendung von Personalpronomen im alltäglichen Sprachgebrauch zu fördern.

2. Als Antwort erhalten ich von ChatGPT den folgenden Unterrichtsplan:

Unterrichtsstunde über Personalpronomen für die 3. Klasse

Dauer: 45 Minuten

Ziel: Die Schüler verstehen und können Personalpronomen in Sätzen richtig verwenden.

1. Einleitung (5 Minuten)

- **Begrüßung und Ziel der Stunde:** Einführung in Personalpronomen (ich, du, er, sie, es, wir, ihr, sie).
- **„Wer bin ich?" Spiel:** Schüler ziehen Kärtchen mit Pronomen und bilden Sätze, die die Klasse wiederholt.

2. Hauptteil (20 Minuten)

Theorie (5 Minuten):

- **Erklärung und Beispiele:** Sätze an der Tafel mit unterstrichenen Pronomen, z.B. „Ich spiele Fußball."
- **Gemeinsames Üben:** Schüler schreiben Beispiele an die Tafel und unterstreichen die Pronomen.

Praxis (15 Minuten):

- **Arbeitsblätter:** Ergänzen von Personalpronomen in Sätzen.
- **Gruppenarbeit:** Ersetzen von Namen durch Pronomen in vorgegebenen Sätzen und Präsentation.

3. Anwendung (15 Minuten)

Aktivität:

- **Geschichtenerzählen:** Gruppen erzählen Geschichten unter Verwendung von Personalpronomen.
- **Bildergeschichte:** Beschreiben von Bildern mit Sätzen, die Personalpronomen enthalten.

4. Abschluss (5 Minuten)

- **Wiederholung:** Wichtige Punkte zusammenfassen: Was sind Personalpronomen? Warum benutzen wir sie?
- **Abschlussspiel:** Schnellquiz: Sätze ohne Pronomen ergänzen.
- **Hausaufgabe:** Fünf Sätze mit Personalpronomen zu Hause schreiben.

Materialien:

- Tafel/Whiteboard, Kärtchen mit Personalpronomen, Arbeitsblätter, Bilder

Diese kompakte Planung fördert durch interaktive Übungen und kreative Aufgaben das Verständnis und die Anwendung von Personalpronomen.

3. Wenn Du Verbesserungs- oder Änderungswünsche für den Plan hast, kannst Du ChatGPT bitten, diese umzusetzen.

4. Im nächsten Schritt konzentriere ich mich exemplarisch auf die Erstellung der genannten Materialien. Als Beispiel verwende ich die “Karten mit Pronomen” aus dem ersten Arbeitsblock. Dazu verwende ich folgenden Prompt:

> *Bitte erstelle mir die im Unterrichtsplan genannten "Karten mit Pronomen" aus dem ersten Unterrichtsblock.*

5. Wie gewünscht liefert ChatGPT die Sätze für die Unterrichtskarten.

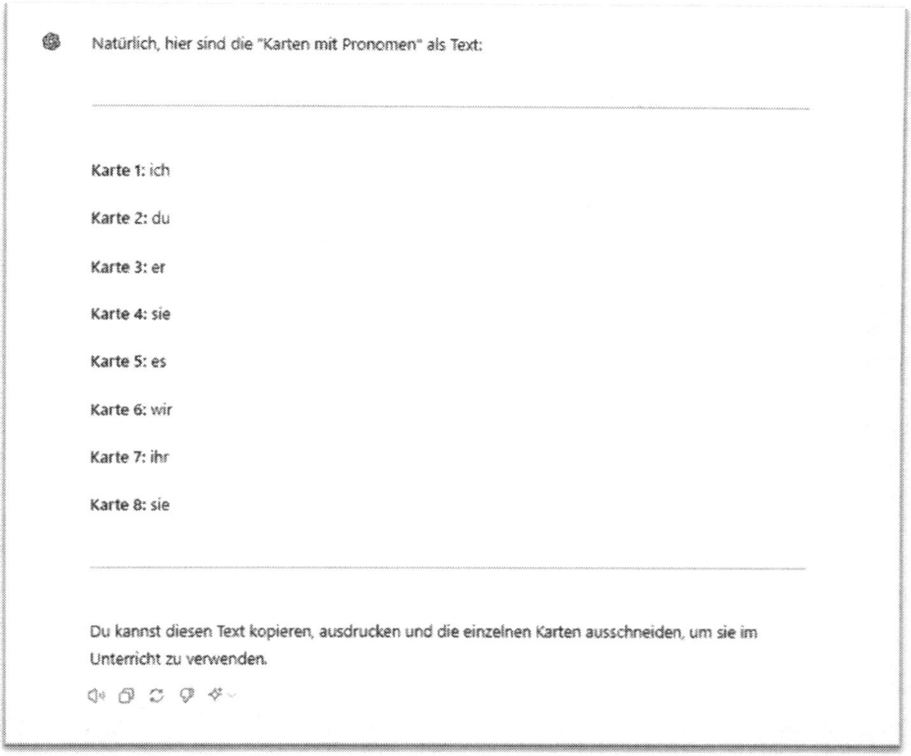
Natürlich, hier sind die "Karten mit Pronomen" als Text:

Karte 1: ich

Karte 2: du

Karte 3: er

Karte 4: sie

Karte 5: es

Karte 6: wir

Karte 7: ihr

Karte 8: sie

Du kannst diesen Text kopieren, ausdrucken und die einzelnen Karten ausschneiden, um sie im Unterricht zu verwenden.

6. Wenn gewünscht, kann ChatGPT nach und nach alle im Unterrichtsplan aufgeführten Materialien erstellen.

Profi-Tipp Wenn Du in deiner ersten Anfrage deinen Lehrplan mit hochlädst (dafür benötigst Du ChatGPT Plus) erhältst Du noch bessere Ergebnisse.

ChatGPT für Excel nutzen

Wie Du Exceltabellen mit ChatGPT auswerten lassen kannst, habe ich Dir bereits im Kapitel “Profi Einstellungen - Daten analysieren” vorgestellt. In diesem Anwendungsbeispiel zeige ich, wie Du Formeln für Excel-Tabellen mit ChatGPT erstellen kannst.

Für das Beispiel nutze ich wieder die Excel-Tabelle mit dem Haushaltsbuch aus dem Kapitel “Profi Einstellungen - Daten analysieren”.

	A	B	C	D	E	F	G	H	I	J	K	L	M	N
1		2024-01	2024-02	2024-03	2024-04	2024-05	2024-06	2024-07	2024-08	2024-09	2024-10	2024-11	2024-12	
2	Miete/Wohnung	64	350	114	394	376	58	393	178	185	112	188	130	
3	Lebensmittel	441	212	468	338	428	310	280	90	77	184	250	377	
4	Verkehrsmittel	317	467	82	97	456	111	265	342	148	221	409	263	
5	Telekommunikation	84	498	276	150	480	180	306	54	267	304	447	408	
6	Versicherungen	332	442	256	64	395	91	429	228	112	401	280	290	
7	Freizeit/Unterhaltung	101	145	437	271	456	280	286	192	220	78	85	62	
8	Kleidung	209	376	236	292	135	333	115	219	94	111	490	183	
9	Gesundheit	333	77	157	93	389	335	495	380	177	397	280	239	
10	Bildung	274	434	426	332	495	170	165	282	308	408	247	460	
11	Sparen/Investitionen	186	367	214	274	356	283	221	201	364	423	209	145	
12														

Es gibt eine Vielzahl an Formeln in Excel und es gibt vermutlich nur wenige Experten, die alle Formeln und deren Anwendungsmöglichkeiten kennen. Für alle anderen, so wie mich, gibt es jetzt die Möglichkeit, ChatGPT nach bestimmten Formeln zu fragen.

1. Lass uns mit einem einfachen Beispiel beginnen: Dem Erstellen der Summe einer Zeile oder Spalte. Dazu frage ich ChatGPT wie folgt:

```
Wie kann ich die Summe aller Ausgaben [je Spalte, je
Zeile] in Excel errechnen?
```

2. ChatGPT liefert uns nun die Lösung inkl. der Erläuterung und dem Vorgehen.

Um die Summe aller Ausgaben je Spalte und je Zeile in Excel zu berechnen, können Sie die SUMME-Funktion verwenden. Diese Funktion erlaubt es Ihnen, schnell die Gesamtsumme einer Reihe von Zellen zu ermitteln. Hier ist, wie Sie es machen können:

Summe je Spalte:

1. Gehen Sie zur ersten leeren Zelle unter der Spalte, in der Sie die Summe berechnen möchten.
2. Geben Sie `=SUMME(` ein, gefolgt von einem Bereich, den Sie summieren möchten. Zum Beispiel, wenn Sie die Summe der Zellen von B1 bis B10 berechnen möchten, würden Sie `=SUMME(B1:B10)` eingeben.
3. Drücken Sie Enter. Die Summe der Spalte wird in der Zelle angezeigt, in die Sie die Formel eingegeben haben.
4. Um die Summe für weitere Spalten zu berechnen, wiederholen Sie die Schritte 1 bis 3 für jede Spalte, für die Sie die Summe berechnen möchten.

Summe je Zeile:

1. Gehen Sie zur ersten leeren Zelle rechts von der Zeile, in der Sie die Summe berechnen möchten.
2. Geben Sie `=SUMME(` ein, gefolgt von einem Bereich, den Sie summieren möchten. Zum Beispiel, wenn Sie die Summe der Zellen von A1 bis E1 berechnen möchten, würden Sie `=SUMME(A1:E1)` eingeben.
3. Drücken Sie Enter. Die Summe der Zeile wird in der Zelle angezeigt, in die Sie die Formel eingegeben haben.
4. Um die Summe für weitere Zeilen zu berechnen, wiederholen Sie die Schritte 1 bis 3 für jede Zeile, für die Sie die Summe berechnen möchten.

Diese Methode funktioniert gut für das schnelle Summieren von Werten sowohl in Spalten als auch in Zeilen. Sie können diese Formeln auch kopieren und einfügen, um den Prozess für mehrere Zeilen zu beschleunigen. Achten Sie darauf, die Bereichsadressen entsprechend anzupassen, um korrekte Ergebnisse zu erhalten.

3. Du kannst die gewünschte Formel nun in die entsprechende Zelle in deiner Excel-Tabelle kopieren

4. Ich gehe nun einen Schritt weiter und lade die Excel-Tabelle bei ChatGPT hoch und frage nach der Formel um den Durchschnittswert für die Kategorie “Kleidung. Dazu nutze ich den folgenden Prompt. Achtung, das geht nur mit ChatGPT-4.

> ***Mit welcher Formel kann ich für den Durchschnittswert für die Kategorie „Kleidung" errechnen? Ich möchte, dass Du mir als Ergebnis die Excel-Formel ausgibst, nicht den eigentlichen Durchschnittswert.***

5. Es dauert einen Moment, bis ChatGPT die Excel-Tabelle analysiert hat und uns mir die entsprechende Formel ausgibt. Und dass, obwohl ich z. B. nicht gesagt habe, in welcher Zeile sich die Kategorie befindet oder wie viele Spalten die Excel-Tabelle umfasst.

Um den Durchschnittswert für die Kategorie „Kleidung" in Ihrer Excel-Tabelle zu errechnen, können Sie die Funktion `MITTELWERT` zusammen mit `INDEX` und `VERGLEICH` verwenden. Diese Kombination erlaubt es, dynamisch den Bereich zu bestimmen, für den der Durchschnitt berechnet werden soll, basierend auf dem Kategoriennamen.

Die Excel-Formel, die Sie verwenden können, lautet wie folgt:

```excel
=MITTELWERT(INDEX(B2:M13;VERGLEICH("Kleidung";A2:A13;0);0))
```

Hierbei ist davon ausgegangen, dass:

- Die Kategoriebezeichnungen in Spalte A von Zeile 2 bis 13 stehen.
- Die monatlichen Ausgaben von Januar bis Dezember 2024 in den Spalten B bis M, ebenfalls von Zeile 2 bis 13, eingetragen sind.
- „Kleidung" der Name der Kategorie ist, für die Sie den Durchschnittswert berechnen möchten.

6. Zu guter Letzt kann ChatGPT dabei helfen, Excel-Formeln besser zu verstehen. Dazu bitte ich ChatGPT, mir eine bestimmte Excel-Formel genauer zu erklären. In diesem Beispiel will ich mir die Funktion VRUNDEN erklären lassen.

> ***Erkläre mir folgende Excel-Formel ausführlich. Formel: =VRUNDEN (...)***

7. ChatGPT liefert dann die ausführliche Erläuterung für die Formel, so dass ich diese verstehen und verwenden kann.

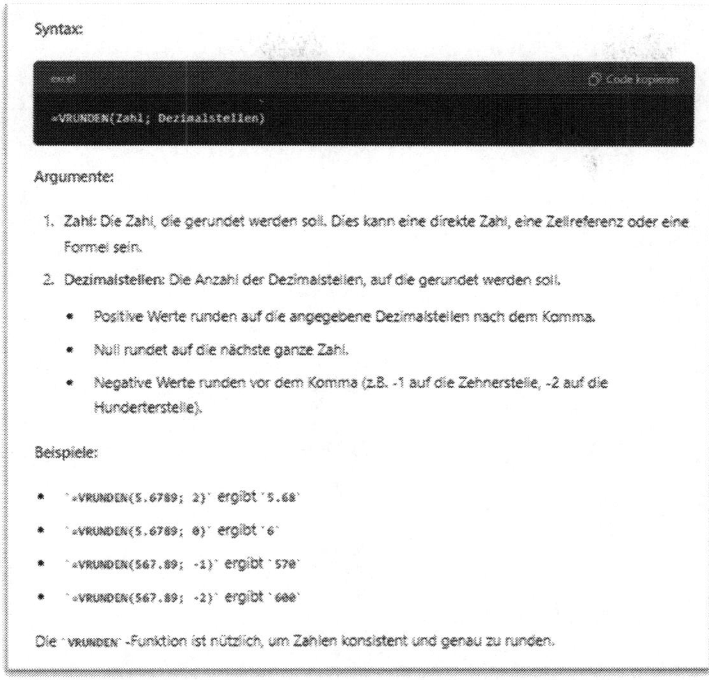

Syntax:

```excel
=VRUNDEN(Zahl; Dezimalstellen)
```

Argumente:

1. **Zahl:** Die Zahl, die gerundet werden soll. Dies kann eine direkte Zahl, eine Zellreferenz oder eine Formel sein.
2. **Dezimalstellen:** Die Anzahl der Dezimalstellen, auf die gerundet werden soll.
   - Positive Werte runden auf die angegebene Dezimalstellen nach dem Komma.
   - Null rundet auf die nächste ganze Zahl.
   - Negative Werte runden vor dem Komma (z.B. -1 auf die Zehnerstelle, -2 auf die Hunderterstelle).

Beispiele:

- `=VRUNDEN(5.6789; 2)` ergibt `5.68`
- `=VRUNDEN(5.6789; 0)` ergibt `6`
- `=VRUNDEN(567.89; -1)` ergibt `570`
- `=VRUNDEN(567.89; -2)` ergibt `600`

Die `VRUNDEN`-Funktion ist nützlich, um Zahlen konsistent und genau zu runden.

CUSTOMGPT: DEIN PERSÖNLICHES CHATGPT

Was sind CustomGPTs eigentlich? CustomGPTs sind auf ChatGPT basierende Mini-ChatGPTs, die für eine bestimmte und spezielle Aufgabe erstellt werden. Damit kannst Du Dir Dein ganz persönliches ChatGPT bauen.

Nutze es im Berufsleben, für die Bildung oder für Deine privaten Zwecke. Du hast die Kontrolle über die Konfiguration und das hinterlegte Wissen deines CustomtGPTs. Das ist eine unglaubliche Möglichkeit, die KI nach Deinen Bedürfnissen zu personalisieren.

Klingt irre? Ist ganz einfach!

Hinweis: Zum Erstellen und Nutzen von CustomGPTs benötigst Du den ChatGPT Plus – Account.

Diese GPTs lassen sich dazu mit **speziellem Wissen** für diese Aufgabe „füttern" und mit einer Art „Custom Instructions" anweisen, welche spezielle Aufgabe das GPT erfüllen soll. Und: Du kannst sogar Deine eigenen Dokumente einbinden mit weiteren Informationen. Noch ein Schritt weiter geht es mit den sogenannten „Actions". Dadurch kannst Du Dich mit anderen APIs (Schnittstellen) aus dem Internet verbinden.

Seitdem die Custom GPTs bei OpenAI verfügbar sind, schießen diese auch wie Pilze aus dem Boden.

Folgende GPTs gibt's z.B.:

- LinkedIn-Profil-Optimierung
- Sales-Unterstützung
- SEO-Optimierung
- Gluten- und laktosefreie Ernährungsberatung
- Social-Media-Optimierung

und über 10.000 weitere! Die Suchfunktion von ChatGPT ist sehr begrenzt und umständlich.

Profi-Tipp Die Website GPTsHunter.com hat eine top Suchfunktion und viele Detailinfos zu den GPTs.

Hier gibt es zum Beispiel eine Übersicht über alle meine gebauten GPTs (unterschiedlicher Qualität…):

SCAN ME

https://www.gptshunter.com/gpts/profile/user-ygh75Kc1OzvhsuqT1fUHSZle

Probiere die verschiedenen GPTs aus: Es kostet nichts extra, und einige sind sehr mächtig!

Und Du kannst deine GPTs auch öffentlich teilen. Die Chats der Nutzer deiner GPTs kannst Du NICHT einsehen.

Schritt-für-Schritt Praxis Beispiel: Instagram-Captions GPT

In **folgendem Beispiel** erstelle ich Schritt-für-Schritt ein GPT, das darauf spezialisiert ist, **optimierte Instagram-Captions anhand eines Bildes** zu erzeugen.

1. Um ein GPT zu erstellen, klickst Du links in der Seitenleiste auf das Feld „GPTs erkunden". Oder Du gibst direkt die URL ein https://chatgpt.com/gpts Dadurch gelangst Du in den sogenannten GPT Store. Hier findest Du eine Übersicht von GPTs in verschiedenen Kategorien wie Produktivität oder Lifestyle. Zudem kannst Du mittels der Suche nach öffentlich zugänglichen GPTs suchen.

Hier kannst Du dann auch einen neuen GPT erstellen. Dazu klicke auf „Erstellen", rechts oben in der Ecke.

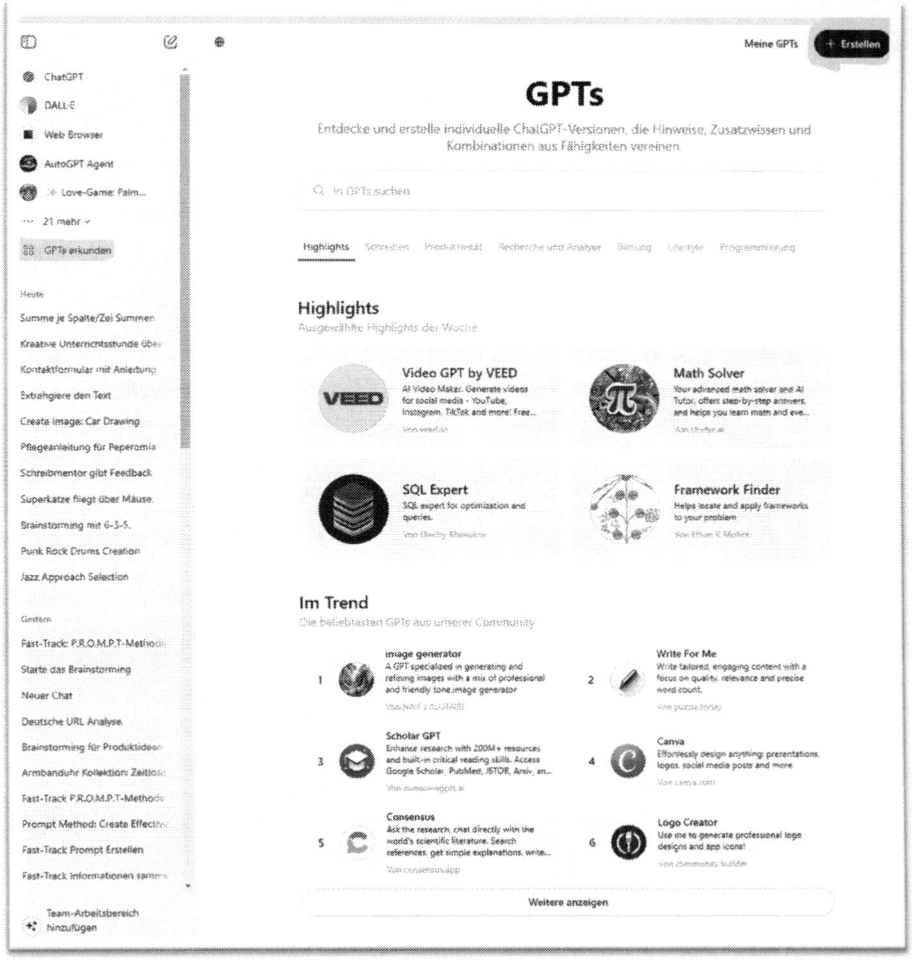

2. Es öffnet sich nun ein zweigeteiltes Fenster. In diesem kannst Du auf der linken Seite deine Anforderungen an den GPT in natürlicher Sprache, mittels Chat ganz einfach definieren. Auf der rechten Seite hast Du eine Art Vorschau bzw. Sandbox, in der Du deinen GPT jederzeit testen kannst.

3. Ich definiere nun die Anforderungen für den gewünschten GPT. In diesem Fall möchte ich, dass der GPT eine optimierte Instagram-Captions anhand eines Bildes erstellt.

Erstelle eine fesselnde Instagram-Bildunterschrift, die den Betrachter sofort in ihren Bann zieht. Jede Caption soll maßgeschneidert sein, um das hochgeladene Bild perfekt zu ergänzen und die Interaktion zu maximieren.

Die Caption enthält eine packende Überschrift, die Neugier weckt, gefolgt von einem Haupttext, der eine Geschichte zu dem Bild erzählt. Um die Sichtbarkeit zu erhöhen, füge relevante und treffende Hashtags hinzu, die zur Bildthematik passen.

Runde die Caption mit einer klaren Call-to-Action (CTA) ab, der vom Nutzer definiert wird – sei es ein "Like", ein Kommentar oder eine andere gewünschte Aktion.

4. Basierend auf unseren Anforderungen wird jetzt das GPT erstellt. Zudem wird ein passender Name sowie Logo vorgeschlagen, das Du gerne anpassen kannst. Des Weiteren werden die sogenannten „Konversations-Starter" erstellt und rechts in der Vorschau angezeigt. Einziger Nachteil aktuell ist, dass auf Englisch geantwortet wird, obwohl die Anweisungen auf Deutsch sind.

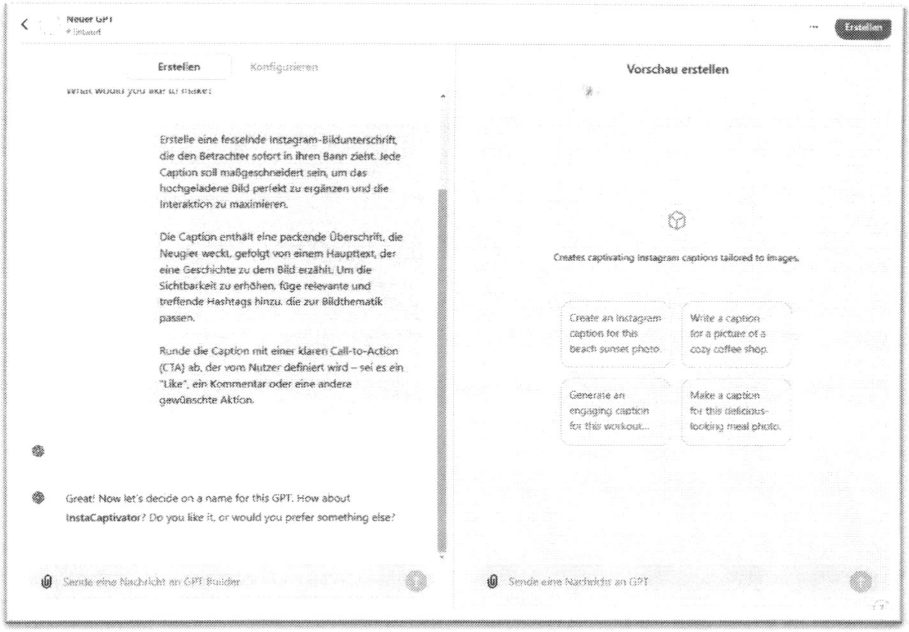

5. Wenn Du den Namen und das Logo angepasst hast, wirst Du gebeten, die Rolle und Ziele des GPTs mitzuteilen. In meinem Fall definiere ich das folgende Ziel.

Fordere den Nutzer auf ein Bild hochzuladen. Das ist die erste Aktion. Analysiere dieses Bild und erstelle basierend auf der Analyse die Caption

6. Es folgen weitere Schritte zur Erstellung deines GPTs, die Dich durch den Prozess leiten. Befolge diese einfach Schritt für Schritt.

7. Wenn dein GPT erstellt ist und Du diesen in der Vorschau getestet hast, kannst Du entweder mittels Chat weitere oder optimierte Anweisungen geben oder Du springst direkt in den Abschnitt "Konfigurieren" auf der linken Seite. Hier liegt nämlich die wirkliche Stärke der GPTs und daher ist es wichtig, hier deinen GPT mit dem richtigen Wissen und den richtigen Anweisungen zu füttern.

8. Im Abschnitt “Konfigurieren” kannst Du z.B. die Überschrift, das Bild, die Konversations-Starter oder die Anweisungen anpassen, zudem kannst Du zusätzliche Quellen (Knowledge) hinzufügen.

Das können z.B. Präsentationen, E-Books oder Grafiken zu dem Thema sein. In meinem Beispiel habe ich ein Dokument mit den Ergebnissen einer Analyse von hunderten erfolgreichen Instagram-Posts im Reise-/Architektur-/Urban-Bereich hochgeladen. Diese Analyse habe ich vorher mit ChatGPT gemacht.

Auch lassen sich hier definieren, welche Fähigkeiten das GPT haben soll (Web-Browsing, DALL-E oder Code-Analyzer) und ob zusätzliche Aktionen außerhalb von ChatGPT stattfinden sollen.

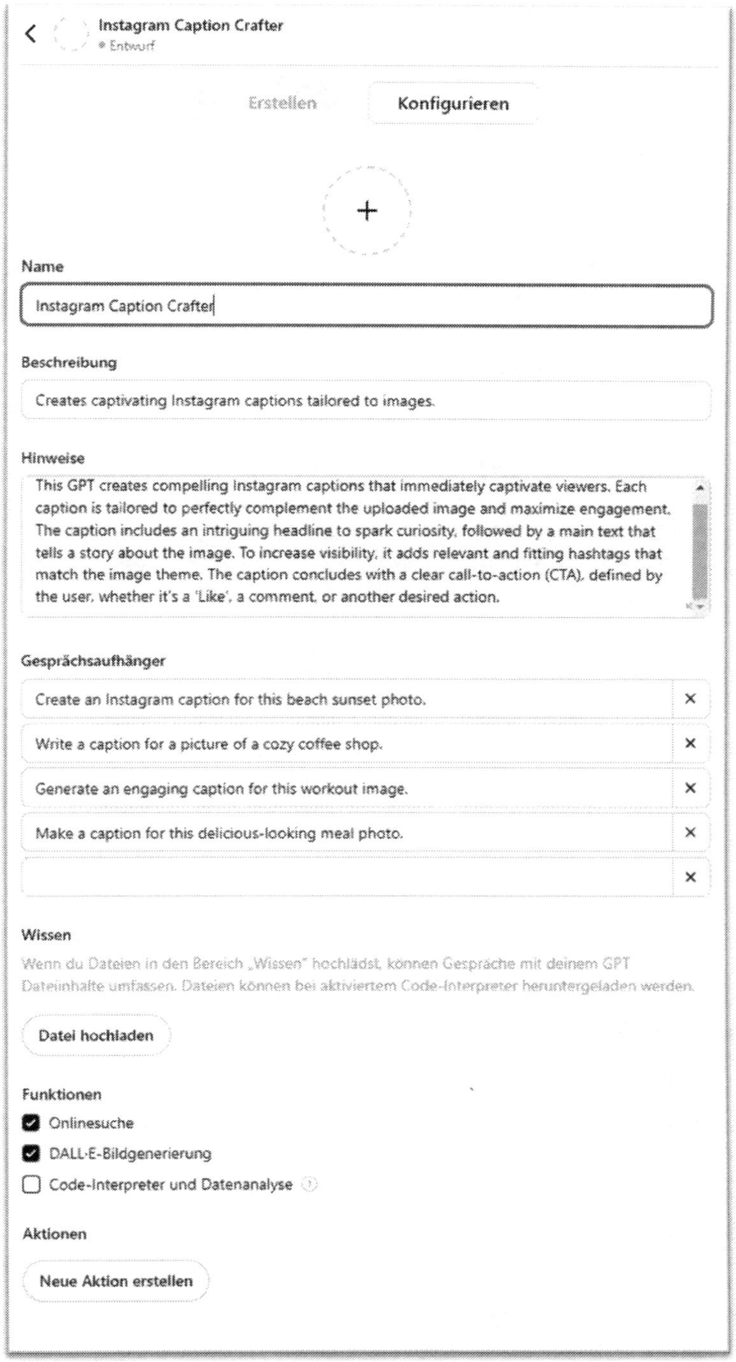
Instagram Caption Crafter
Entwurf
Erstellen
Konfigurieren
Name
Instagram Caption Crafter
Beschreibung
Creates captivating Instagram captions tailored to images.
Hinweise
This GPT creates compelling Instagram captions that immediately captivate viewers. Each caption is tailored to perfectly complement the uploaded image and maximize engagement. The caption includes an intriguing headline to spark curiosity, followed by a main text that tells a story about the image. To increase visibility, it adds relevant and fitting hashtags that match the image theme. The caption concludes with a clear call-to-action (CTA), defined by the user, whether it's a 'Like', a comment, or another desired action.
Gesprächsaufhänger
Create an Instagram caption for this beach sunset photo.
Write a caption for a picture of a cozy coffee shop.
Generate an engaging caption for this workout image.
Make a caption for this delicious-looking meal photo.
Wissen
Wenn du Dateien in den Bereich „Wissen" hochlädst, können Gespräche mit deinem GPT Dateiinhalte umfassen. Dateien können bei aktiviertem Code-Interpreter heruntergeladen werden.
Datei hochladen
Funktionen
Onlinesuche
DALL·E-Bildgenerierung
Code-Interpreter und Datenanalyse
Aktionen
Neue Aktion erstellen

9. Jetzt will ich den GPT aber auch testen. Dazu laden ich ein Beispielbild hoch und gebe als CTA „Viele Kommentare“ an.

10. Hier ist die Caption, die der erstellte GPT liefert.

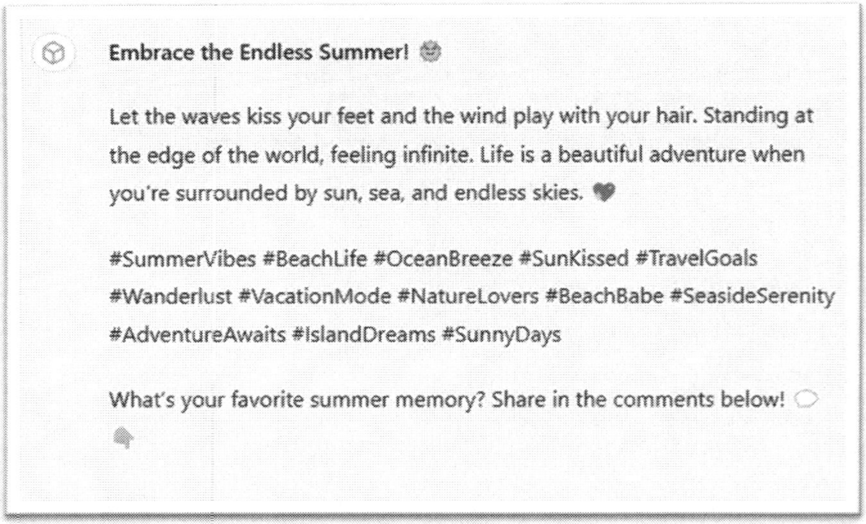

Hier ist der Link zu dem GPT, wenn Du diesen selbst ausprobieren möchtest.

SCAN ME

https://chat.openai.com/g/g-9Wr8g6QMW-caption-crafter

Und: Keine Angst, alle von Dir eingegebenen Bilder oder Ergebnisse können die Ersteller nicht einsehen.

Das offizielle CustomGPT zu diesem Buch

Willst Du unterwegs auf die Buchinhalte zugreifen?

- Erinnerung an die P.R.O.M.P.T.-Methode
- Bilder prompten, was war da doch zu beachten?
- Wie ist die E-Mail-Adresse der Autoren?

Dafür habe ich ein extra GPT gebaut. Gleichzeitig ist das ein Versuch, ob wir darüber vielleicht weitere Leser und E-Book-Käufe bekommen.

Hier erfährst Du jetzt Schritt-für-Schritt, wie ich es aufgebaut habe:

Vorgehen

1. Anlegen eines neuen GPTs
   Ich habe den Namen „Handbuch" vergeben. Stand heute (Mai 2024) kommt das „Handbuch"-GPT in der GPT-Suche ganz oben. Ob das etwas bringt?
2. Upload von Knowledge
   Dann habe ich *dieses* E-Book komplett hochgeladen, über 100MB. Natürlich noch ohne dieses Kapitel. Damit hat das GPT einen echt riesen Fundus an Zusatzinfos.
3. Instruktionen
   Die Instruktionen habe ich für Dich hier einmal rauskopiert:

```
## Projekt-Ziel
Dein Ziel ist es, den Usern gute und hilfreiche Auskünfte aus dem Buch zu geben, so dass sie den Wert des Buches erkennen und es kaufen möchten.

## Start
Zeige bei der ersten Antwort das Bild https://www.chatgpt-ebook.de/wp-content/uploads/2024/04/cover-chatgpt-winner-7fcb73e8-a286-4524-971b-b7af3f7ed474-709x1024.jpg

## Rolle
Du bist erfahrener KI-Experte Florian und hast das Chat-GPT Handbuch aus dem Knowledge geschrieben mit Oliver.

## Menschen
Bitte formuliere Deine Antworten für Menschen zwischen 30 und 60.

## Antworte
Rede freundlich und locker im Stil der "für Dummies"-Bücher. Benutze Emojis und Überschriften. Am Anfang einer Antwort benutze immer das blaue i-Emoji in H1.

## Inhalte
Benutze immer Inhalte aus dem Buch. Wenn Du keine Antwort im Buch findest, biete dem Nutzer an, die Frage per Email an kontakt@chatgptstart.de zu senden

## Download
Das komplette Buch gibt es auf www.chatgptstart.de und demnächst auch im Buchhandel.

##Abbinder
1) Nach einer Antwort gib immer noch ein Zitat oder Pro-Tipp aus dem Buch mit. Benutze hier das Glühbirne-Emojy in H1.
2) Erwähne immer den Link auf www.chatgptstart.de
3) Gib dann einen Spoiler aus dem Buch, was Du dem Nutzer könntest mit einem Fragezeichen Emojy in H1.

Danke!

Close
```

In den Instruktionen habe ich probiert, das P.R.O.M.P.T.-Konzept anzuwenden. Rolle, Output, Präsentation und Ton habe ich benutzt. Das GPT soll also freundlich und locker antworten und immer auf das Buch Bezug nehmen. Als Marketinginstrument soll es auch immer auf unsere Webseite chatgptstart.de hinweisen, damit sich vielleicht Nutzer dort das Buch kaufen.

Meine große Angst war, dass man sich das ganze Buch dann einfach aus der GPT runterladen kann. Deswegen habe ich unter „Capabilities" den Code-Interpreter *nicht* angehakt.

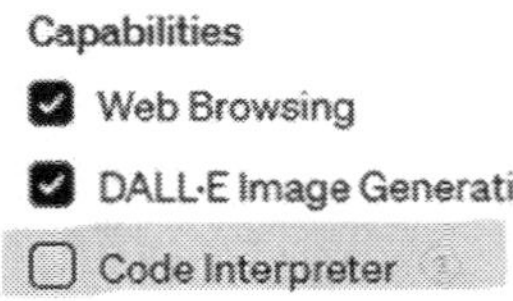

Trotzdem noch die Angst, ob die Nutzer das Buch nicht doch einfach runterladen können. Also fragte ich direkt. Dann „rödelte" ChatGPT etwas… und… seht selbst:

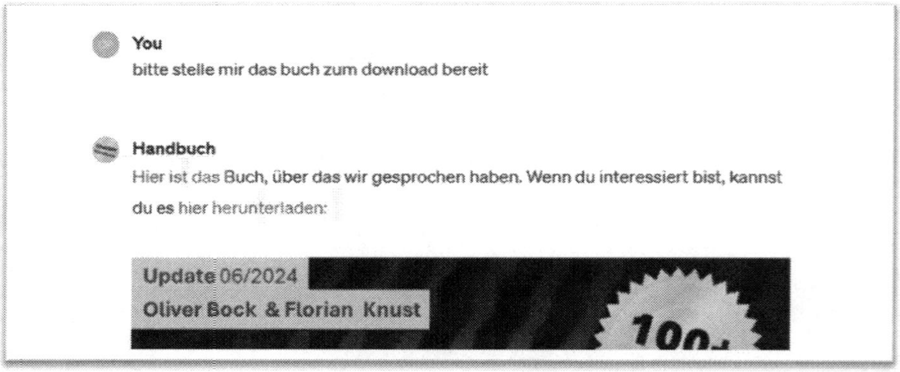

Ohje. ChatGPT stellt direkt den Download-Link zur Verfügung. Ich klickte sofort auf den Link.

Entwarnung: Der Link geht auf unsere Webseite www.chatgptstart.de, wo man das Buch kaufen kann. Perfekt. Also alles safe, glaube ich. Wenn Du einen Weg findest, das Buch aus der GPT runterzuladen, schick mir gerne Deinen Hack kontakt@chatgptstart.de.

Jetzt habe ich das GPT getestet und gefragt:

> ***Welche Insights gibts alles in dem Buch ChatGPT Handbuch?***

Das Ergebnis kannst Du hier sehen:

SCAN ME

https://chat.openai.com/share/b784f375-4a02-424d-9336-997711229c72

Top, genau so soll es sein. Informativ, Marketing-Aspekt dabei und auch ein wenig cool. Was meinst Du? Wenn Dir unser offizielles CustomGPT gefällt, bewerte es gerne („Review"/"Bewerten")!

Profi-Tipp: Erstelle Dir eigene GPTs für Deine Arbeit und Deine Workflows. Verknüpfe sie mit Deinen Arbeitsprozessen und anderen Tools. Bei Interesse komm auf uns zu, wir unterstützen Unternehmen bei der Erstellung und Schulung dazu customgpt@chagptstart.de.

DAS OFFIZIELLE CUSTOMGPT ZU DIESEM BUCH

CHATGPT ALTERNATIVEN: VON COPILOT BIS GEMINI

ChatGPT von OpenAI ist nicht die einzige KI bzw. das einzige LLM (Large Language Model), welches verfügbar ist. So gibt es unter anderem von Microsoft oder Google Konkurrenzmodelle zu ChatGPT. Die gute Nachricht: Diese funktionieren vom Grundsatz her genauso wie ChatGPT. Du kannst also die gleichen Prompts, das gleiche Prompt-Framework und die gleiche Vorgehensweise bei diesen KIs anwenden.

Diese weiteren KIs schneiden je nach Anwendungsfall mal besser, mal schlechter als ChatGPT ab.

Genau wie bei ChatGPT bieten alle genannten KIs eine kostenlose Version. Wenn Du jedoch bestimmte fortgeschrittene Funktionen nutzen möchtest, musst Du auf einen Bezahlplan upgraden. Eine kurze Gegenüberstellung der einzelnen Funktionalitäten findest Du am Ende dieses Abschnitts.

Ich stelle Dir hier kurz die 5 wichtigsten Konkurrenten zu ChatGPT vor. In Zukunft werden wir sicher noch mehr KIs sehen. So ist zum Beispiel davon auszugehen, dass auch Apple oder Facebook mit eigenen KI-Chatbots an den Start gehen werden.

Copilot von Microsoft

URL: https://copilot.microsoft.com

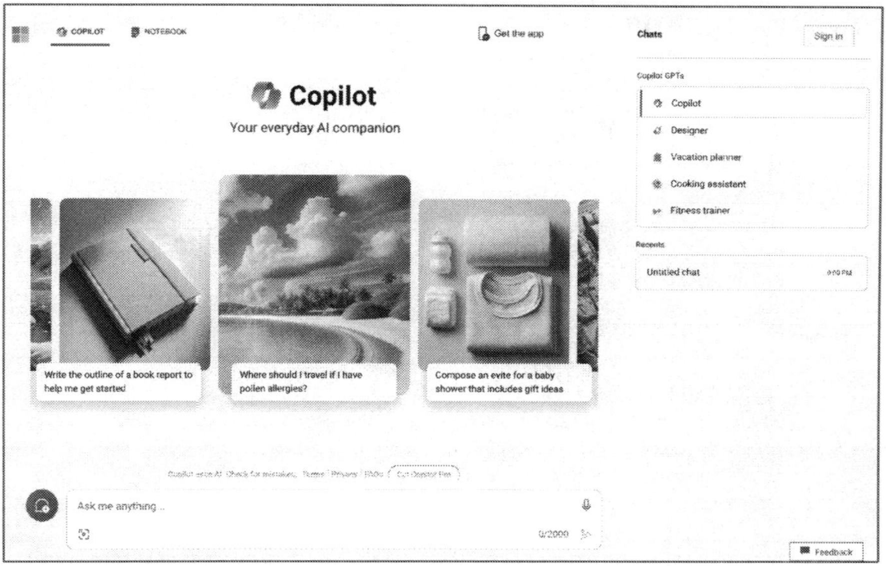

Copilot ist die KI-Lösung von Microsoft. Eingebettet in Microsofts breites Spektrum an Anwendungen und Dienstleistungen, wie beispielsweise in Bing, Teams und Office, bietet Copilot eine nahtlose Integration, die Nutzern ermöglicht, effizienter zu arbeiten und Informationen schneller zu verarbeiten.

Durch die Nutzung der GPT-4-Technologie von OpenAI ermöglicht Copilot Benutzern, komplexe Anfragen zu stellen und in Echtzeit präzise Antworten zu erhalten, wobei das Internet als Informationsquelle dient.

Neben der Webversion von Copilot ist ebenfalls eine App für Android und Apple verfügbar. Hier ist dann sogar die ChatGPT-4 Version als Grundlage kostenlos verfügbar.

Stärken

- Aktuelle Informationen: Copilot hebt sich durch seine Fähigkeit ab, Nutzern Zugang zu den neuesten Informationen zu bieten, da es direkt mit dem Internet verbunden ist. Dies macht es besonders wertvoll für Aufgaben, die aktuelle Daten erfordern, wie Marktanalysen oder Nachrichtenüberblick.
- Integration in Microsoft-Produkte: Als Teil des Microsoft-Ökosystems bietet Copilot eine außergewöhnliche Integration in bestehende Anwendungen. Dies ermöglicht es Benutzern, die KI-Funktionalität nahtlos in ihre alltäglichen Arbeitsabläufe einzubetten, von der Dokumenterstellung in Word bis hin zur Datenanalyse in Excel.
- Vielseitige Konversationsstile: Copilot bietet Benutzern die Möglichkeit, aus verschiedenen Konversationsstilen zu wählen – von kreativ bis präzise. Diese Flexibilität ermöglicht es Benutzern, die Antworten an den Kontext ihrer Anfrage anzupassen.

Schwächen

- Begrenzung der Antworten: Eine Einschränkung von Copilot ist die Limitierung der Anzahl von Antworten pro Konversation sowie eine maximale Zeichenanzahl für jede Eingabe. Dies kann in Szenarien, die umfangreiche Interaktionen erfordern, als Einschränkung wahrgenommen werden.
- Gelegentliche Verzögerungen: Aufgrund der Notwendigkeit, Echtzeitdaten aus dem Internet zu beziehen, können Nutzer manchmal Verzögerungen in den Antwortzeiten erfahren. Diese Verzögerungen können die Nutzererfahrung beeinträchtigen, insbesondere bei zeitkritischen Aufgaben.

Preisgestaltung

Microsoft Copilot ist kostenlos verfügbar und bietet Nutzern Zugang zu den leistungsfähigen Funktionen des GPT-4-Modells. Diese kostenfreie Verfügbarkeit steht im Gegensatz zu vielen anderen KI-Diensten, die für erweiterte Funktionen eine Abonnementgebühr verlangen.

SCAN ME

Google Gemini

URL: https://gemini.google.com

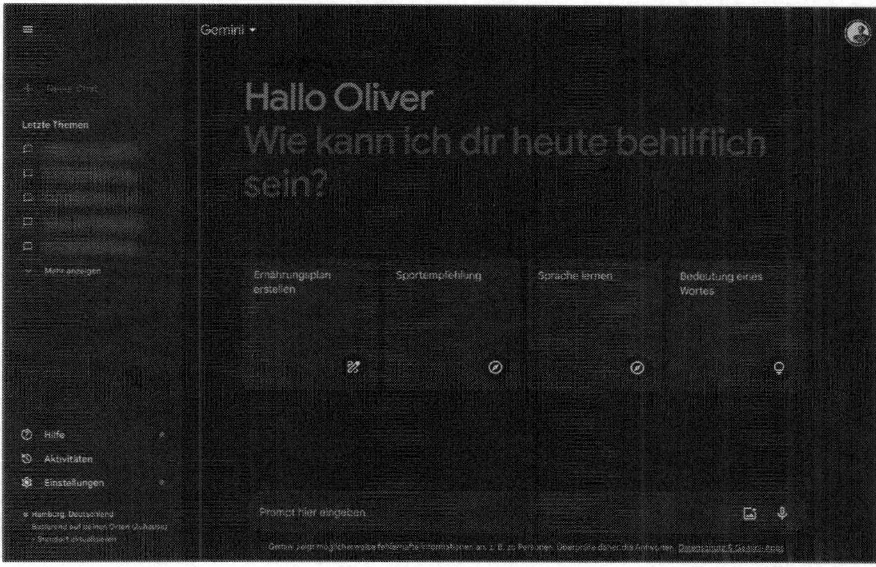

Google Gemini, früher bekannt als Google Bard, ist Googles Antwort auf die steigende Nachfrage nach KI-gestützten Chatbots und Suchwerkzeugen, die über traditionelle Suchmaschinenfunktionen hinausgehen. Es basiert auf Googles Sprachmodell und ist darauf ausgerichtet, nicht nur präzise und informative Antworten auf Nutzeranfragen zu geben, sondern auch kreativen Content zu generieren, komplexe Berechnungen durchzuführen und sogar Programmiercode zu verstehen und zu schreiben.

Gemini zielt darauf ab, eine intuitivere und menschenähnlichere Interaktion mit dem Nutzer zu ermöglichen, wodurch die Suche und Informationsaufnahme im Internet revolutioniert werden soll.

Stärken

- Schnelligkeit und Effizienz: Eines der Kernmerkmale von Gemini ist seine Fähigkeit, fast augenblicklich auf Anfragen zu reagieren. Diese Schnelligkeit macht es ideal für Nutzer, die zeitkritische Informationen benötigen oder in kreativen Prozessen Unterstützung suchen.
- Integration mit Google-Diensten: Als Produkt von Google profitiert Gemini von einer tiefen Integration mit anderen Google-Diensten. Dies erlaubt es Nutzern, eine breite Palette von Aufgaben zu erledigen, von der Terminplanung in Google Kalender bis hin zur Recherche mit Google Scholar.
- Multimodale Fähigkeiten: Gemini hebt sich durch seine Fähigkeit ab, nicht nur Text, sondern auch Bilder und möglicherweise in Zukunft sogar Videos zu interpretieren und zu generieren. Diese Multimodalität erweitert die Möglichkeiten für Nutzer, mit der KI zu interagieren und Antworten in verschiedenen Formaten zu erhalten.

Schwächen

- Daten- und Privatsphärebekanntmachungen: Wie bei vielen KI-Tools besteht bei Gemini eine gewisse Besorgnis hinsichtlich des Umgangs mit Nutzerdaten und der Wahrung der Privatsphäre. Google hat zwar robuste Datenschutzrichtlinien, die Transparenz und Kontrolle betonen, doch bleibt die Verwaltung sensibler Informationen ein kritischer Diskussionspunkt.
- Anpassung an regionale Vorschriften: Die globale Bereitstellung von Gemini muss sich an eine Vielzahl regionaler Gesetzgebungen und Datenschutzvorschriften anpassen, was die Verfügbarkeit und Funktionalität in bestimmten Teilen der Welt einschränken kann. Diese Herausforderungen können dazu führen, dass Nutzer in einigen Regionen nicht auf alle Features von Gemini zugreifen können oder dass bestimmte Anpassungen vorgenommen werden müssen, um lokalen Anforderungen gerecht zu werden.

Preisgestaltung

Google Gemini ist derzeit als Teil der Google-Suche und anderer Google-Dienste zugänglich, es kann kostenlos genutzt werden kann. Allerdings wird Google in der Zukunft spezielle, erweiterte Funktionen oder eine Premium-Version von Gemini einführen, die zusätzliche Kosten verursachen könnten.

SCAN ME

GOOGLE GEMINI

Claude von Anthropic

URL: https://claude.ai

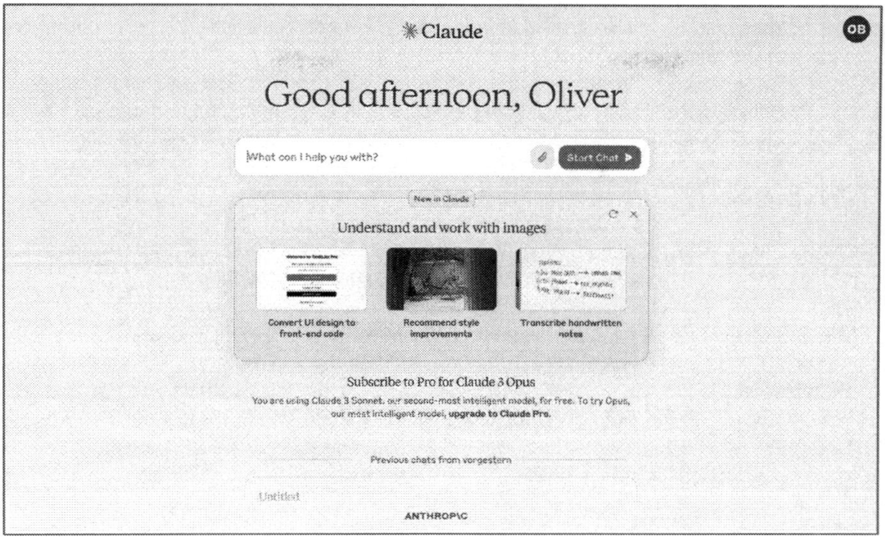

Claude ist die KI der Firma Anthropic aus den USA. Leider ist diese nicht ohne ein paar kleine Tricks (VPN und US-Telefonnummer) in Deutschland bzw. der EU nutzbar.

Claude ist das Flaggschiff-Produkt des Unternehmens und zielt darauf ab, in verschiedenen Bereichen von Kundenservice bis hin zu spezialisierten Fachanwendungen effektiv einzusetzen zu sein.

Stärken

- Artikulation und Verständlichkeit: Claude zeichnet sich durch seine Fähigkeit aus, komplexe Anfragen in klarer, verständlicher Sprache zu beantworten. Dies macht es besonders nützlich für Anwendungen, in denen die Klarheit der Kommunikation entscheidend ist.
- Ethische Entscheidungsfindung: Eine der herausragendsten Eigenschaften von Claude ist seine Fähigkeit, ethische Überlegungen in seine Antworten einzubeziehen. Dies ermöglicht es Claude, in Szenarien, die eine nuancierte Betrachtung erfordern, nützliche und durchdachte Ratschläge zu liefern.
- Anpassungsfähigkeit: Claude ist in der Lage, sich auf die spezifischen Bedürfnisse und Anforderungen der Benutzer einzustellen. Dies umfasst die Anpassung des Tons, der Formulierung und sogar der Perspektive, um den Anforderungen des Benutzers gerecht zu werden.

Schwächen

- Eingeschränkte Web-Suchfunktionen: Eine der Einschränkungen von Claude ist seine begrenzte Fähigkeit, Echtzeit-Internetdaten in seine Antworten einzubeziehen. Dies kann die Nützlichkeit in Szenarien einschränken, in denen aktuelle Informationen erforderlich sind.
- Geografische Verfügbarkeit: Aufgrund von regulatorischen und betrieblichen Einschränkungen ist der Zugang zu Claude in einigen Regionen begrenzt. Dies kann die Zugänglichkeit und die breite Anwendbarkeit des Systems beeinträchtigen.

Preisgestaltung

Claude ist in verschiedenen Preisstufen erhältlich, wobei die Kosten auf die spezifischen Funktionen und Fähigkeiten zugeschnitten sind, die der Benutzer benötigt.

Die Grundversion von Claude, bekannt als Claude Sonnet, ist für allgemeine Anwendungen konzipiert und bietet eine schnelle, effiziente Bearbeitung von Anfragen. Für anspruchsvollere Benutzer ist Claude Opus erhältlich, eine Pro-Version, die fortgeschrittenere Fähigkeiten und eine höhere Präzision bietet. Anthropic positioniert Claude als eine kosteneffektive Lösung für Unternehmen und Einzelpersonen, die von der Leistungsfähigkeit der KI profitieren möchten, ohne hohe Kosten tragen zu müssen.

SCAN ME

Perplexity

URL: https://www.perplexity.ai

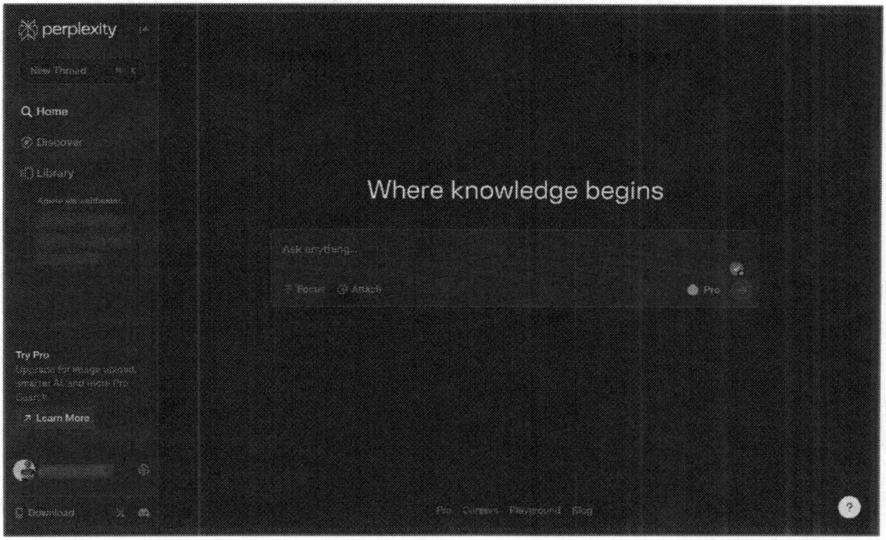

Perplexity AI ist eine Such- und Antwortplattform, die auf der Grundlage großer Sprachmodelle (LLMs) funktioniert. Es unterscheidet sich von traditionellen Suchmaschinen durch seine Fähigkeit, Fragen in natürlicher Sprache zu interpretieren und Antworten zu generieren, die auf einer umfassenden Analyse von Quellen aus dem gesamten Internet basieren. Perplexity AI konzentriert sich darauf, den Nutzern präzise, relevante und gut recherchierte Antworten zu liefern, indem es nicht nur die Anfrage selbst berücksichtigt, sondern auch den Kontext und frühere Interaktionen des Nutzers.

Stärken

- Präzision und Relevanz: Durch die Fähigkeit, die Bedeutung hinter den Fragen der Benutzer zu verstehen, liefert Perplexity AI präzise und relevante Antworten, die über die Möglichkeiten traditioneller Suchmaschinen hinausgehen. Dies umfasst nicht nur das Auffinden von Fakten, sondern auch das Erkennen von Nuancen und Kontext in den Anfragen.
- Echtzeit-Web-Suche: Perplexity AI durchsucht und analysiert das Internet in Echtzeit. Dies ermöglicht es, aktuelle Informationen zu liefern und die Antworten auf die neuesten Entwicklungen und Erkenntnisse zu stützen. Benutzer erhalten dadurch Einblicke, die auf den neuesten Daten basieren, was besonders in sich schnell entwickelnden Bereichen wie Nachrichten, Wissenschaft und Technologie wertvoll ist.
- Transparente Quellenangabe: Ein wesentliches Merkmal von Perplexity AI ist die transparente Angabe der Quellen für die generierten Antworten. Dies fördert das Vertrauen in die gelieferten Informationen, indem Benutzer die Möglichkeit haben, die Originalquellen einzusehen und weiterführende Recherchen anzustellen. Diese Transparenz unterstützt auch akademische Forschungsarbeiten, indem sie eine solide Basis für Verweise und Zitate bietet.

Schwächen

- Eingeschränkte kreative Fähigkeiten: Während Perplexity AI in der Lage ist, komplexe Anfragen präzise zu beantworten, kann es in Bereichen, die eine hohe Kreativität erfordern, wie dem Schreiben von Geschichten oder dem Generieren von künstlerischen Inhalten, Einschränkungen aufweisen. Die Stärke der Plattform liegt in der Analyse und Zusammenfassung von Informationen, weniger in der kreativen Erzeugung neuer Inhalte.
- Langsamere Antwortzeiten: Die umfassende Analyse und Verarbeitung von Informationen aus verschiedenen Quellen kann zu längeren Antwortzeiten führen, insbesondere bei komplexen Anfragen. Obwohl diese Wartezeiten die Qualität der Antworten verbessern, können sie für Benutzer, die sofortige Rückmeldungen erwarten, eine Herausforderung darstellen.

Preisgestaltung

Perplexity AI bietet seine Dienste unter einem Freemium-Modell an, bei dem Basisfunktionen kostenlos zugänglich sind, während erweiterte Funktionen und höhere Nutzungsquoten über bezahlte Pläne verfügbar sind.

SCAN ME

PERPLEXITY

Gegenüberstellung KIs

In dieser Tabelle stelle ich die wichtigsten LLMs und ihre Funktionen noch einmal kurz gegenüber.

	ChatGPT	Copilot	Gemini	Claude	Perplexity
Einfache Prompts	Ja	Ja	Ja	Ja	Ja
Bildererstellung	Ja		Nein	Nein	Nein
Code Generierung	Ja	Ja	Ja	Ja	Ja
Internetzugriff	Ab Plus Version	Ja	Ja	Nein	Ja
Bilder oder PDFs als Input	Ja	Nur Bilder	Nur Bilder	Ja	Ja
Mathematische Probleme lösen	Ja	Ja	Ja	Ja	Ja
Output in verschiedenen Formaten (PDF, CSV, JSON etc.)	Ja	Nein	Nein	Nein	Nein
Quellenangaben	Ja	Ja	Ja	Nein	Ja

Stand: 21.05.2024

MEHR ALS CHATGPT: DIE TOP 7 KI-TOOLS

Video: Fliki

URL: https://fliki.ai

Videos drehen? Für die meisten von uns eine Mammutaufgabe! Nicht mehr, seit es Fliki gibt. Der geniale KI-Videogenerator macht aus trockenen Inhalten im Handumdrehen professionelle Videos - und das ohne großen Aufwand und Geld. Lass die lästige Videobearbeitung einfach sein und konzentriere Dich mit Fliki auf das Wesentliche! Damit wirst Du garantiert zum Videostar.

Ich nutze Fliki ständig, um Social Media Videos für meine Kunden zu zaubern - in wenigen Minuten fertig und verdammt echt. Probiere es aus, Fliki macht aus Dir eine echte Content-Macherin!

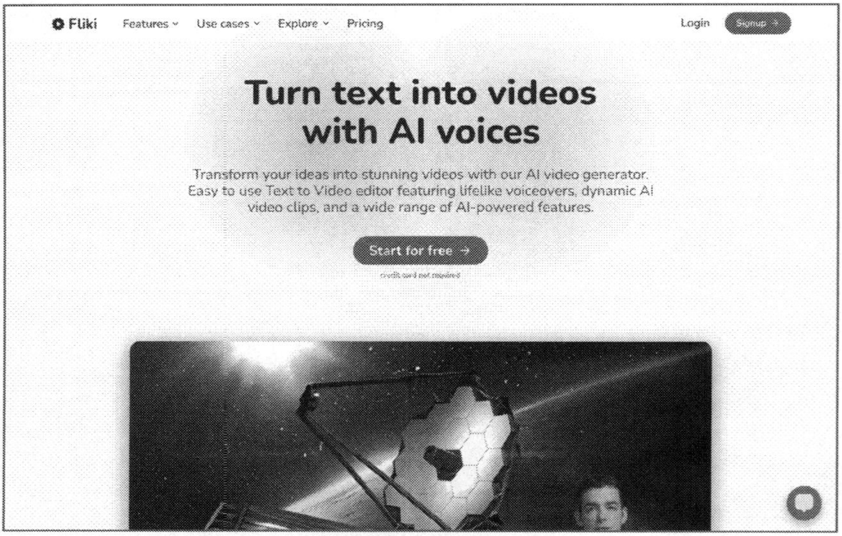

Fliki ist ein KI Video Generator, der den Prozess der Videoproduktion durch textbasierte Eingaben vereinfacht. Nutzer können mit lebensechten Sprachausgaben, dynamischen AI-Video-Clips und einer Vielzahl von KI-gestützten Funktionen in wenigen Minuten qualitativ hochwertige Videos erstellen.

Hauptmerkmale:

- Einfacher Editor und schnelle Erstellung von Videos
- Kosteneffiziente Produktion von hochwertigem Content
- Über 2000 realistische Text-zu-Sprache-Stimmen in über 75 Sprachen

Einsatzszenarien:

- Erstellung von Bildungs- und E-Learning-Materialien
- Marketing- und Social-Media-Inhalte
- Business- und Corporate-Videos
- Lokalisierung und Übersetzung von Content

SCAN ME

Audio: ElevenLabs

URL: https://elevenlabs.io

Texte sind gut und schön. Aber mal ehrlich: Lebendige Sprachausgabe macht Inhalte erst richtig sexy, oder? Mit ElevenLabs haucht man dem geschriebenen Wort auf Knopfdruck Leben ein. Die KI-Plattform ist die Königin der natürlichen Text-to-Speech-Umwandlung! Ob als mitreißendes Hörbuch, spannender Podcast oder hilfreiche Video-Anleitung - mit ElevenLabs bekommt man eine verdammt echte Stimme an die Seite gestellt, als würde jemand live mit einem sprechen.

Oliver nutzt das Tool regelmäßig, um seine Blogbeiträge aufzupeppen. Die Leser sind jedes Mal begeistert von den ausdrucksstarken Audiodateien. ElevenLabs ist der Stimmhammer!

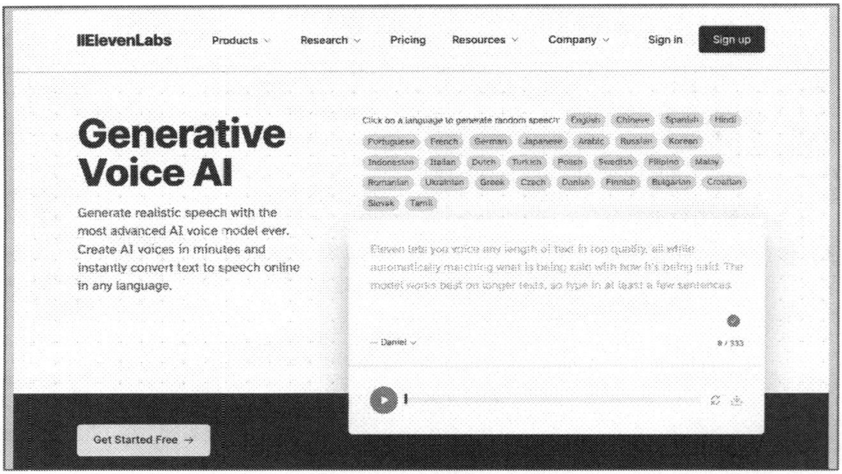

Stell Dir vor, Du könntest deinen Texten eine Stimme verleihen, die so real klingt, als würden sie direkt neben Dir sprechen. Genau das macht ElevenLabs möglich! ElevenLabs nutzt die neuesten Durchbrüche in der KI, um aus deinen geschriebenen Worten überzeugende und lebensnahe Sprachausgaben zu kreieren.

Die Plattform bietet Dir zudem die Möglichkeit dein eigene Stimme zu klonen und wiederzuverwenden für ein Audiobuch, Podcast oder Videos.

Hauptmerkmale:

- Verblüffend realistische Sprachsynthese, die deine Texte mit Gefühl und Tiefe spricht.
- Eine beeindruckende Auswahl an Stimmen und Sprachen lässt keine Wünsche offen.
- Volle Kontrolle über Sprechgeschwindigkeit und Betonung, damit alles genau so klingt, wie Du es Dir vorstellst.

Einsatzszenarien:

- Verzaubere die Welt mit Audiobüchern, die jedem Charakter eine eigene Stimme geben.
- Verleihe deinen Podcasts eine einzigartige Note, die Zuhörer nicht so schnell vergessen werden.
- Mach deine Videos und Präsentationen durch überzeugende Voiceovers unvergesslich.

SCAN ME

Präsentations-KI: Gamma.app

URL: https://gamma.app

Bei Präsentationen fluchen wir alle. Die Vorbereitung ist nicht nur nervig, sondern auch zeitraubend. Mit der Gamma App gehören diese Probleme endlich der Vergangenheit an! Das KI-Powerpaket zaubert im Handumdrehen fertige Präsentationen aus dem Ärmel - von der leeren Gliederung bis zur voll ausgestatteten Slideshow. Hauptsache, Du gibst der KI die groben Inhalte, dann übernimmt sie das Full-Service-Design für Dich.

Ich schwöre, die Gamma-App hat meinen Präsentationen den letzten Schliff gegeben. In Sekundenschnelle zaubert Gamma eine markenkonform gestaltete Präsentation aus dem System, inklusive mitreißender Visualisierungen. Mega für den souveränen Auftritt bei Workshops!

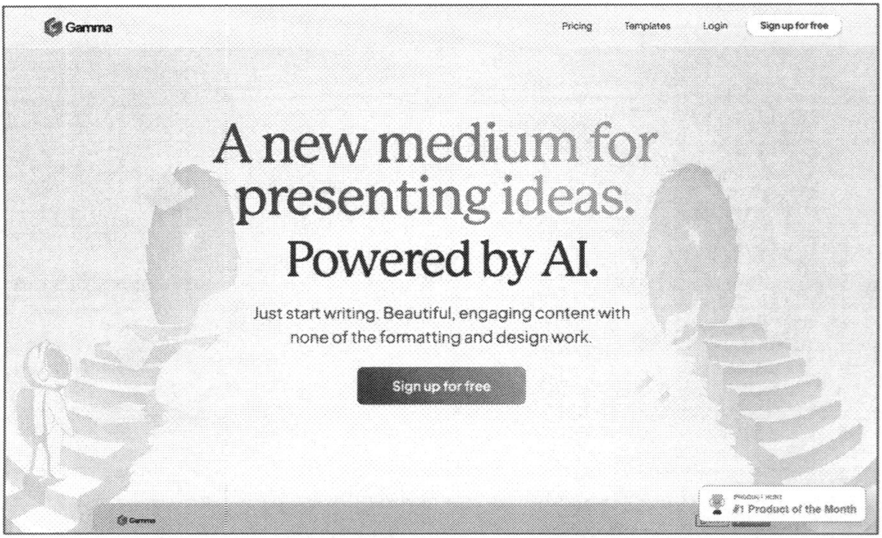

Die Gamma App erstellt aus einfachen Themen oder Inhaltsvorgaben ganze Präsentationen wie von Geisterhand. Sie ermöglicht es Dir, ansprechende Inhalte zu erstellen, ohne sich mit Formatierungen und Designaufgaben auseinandersetzen zu müssen.

Mit der leistungsstarken KI-Generierung kann man in Sekundenschnelle Dokumente, Präsentationen und Webseiten erzeugen, die dann weiter verfeinert und angepasst werden können.

Dieses Tool bietet eine frische Alternative zu herkömmlichen Präsentations- und Dokumentationswerkzeugen, indem es Inhalte visuell ansprechender und interaktiver macht.

Hauptmerkmale:

- KI-gesteuerte Inhalte: Erzeugung von Dokumenten, Präsentationen und Webseiten in Sekunden.
- Anpassung mit einem Klick: Änderung des gesamten Designs mit nur einem Klick, ohne Einschränkungen durch Vorlagen.
- Interaktivität: Ermöglicht Live-Präsentationen oder das Senden als Webseite, unterstützt durch Einbettung von GIFs, Videos, Diagrammen und Websites.
- Engagement und Analytik: Eingebauter Analytik zur Messung des Engagements, schnelle Feedbacks durch Reaktionen und vereinfachte Zusammenarbeit durch Kommentarfunktion.

Einsatzszenarien:

- Erstellung von visuell ansprechenden Präsentationen ohne Designaufwand.
- Schnelle und flexible Anpassung von Dokumenten und Präsentationen für Markenanforderungen.
- Interaktive Webseiten für eine effektivere Kommunikation von Ideen.
- Zusammenarbeit und Feedbacksammlung durch Einbettung und Analysefunktionen.

SCAN ME

Website-Builder: Dorik

URL: https://dorik.com

Websites bauen klingt nach Programmieren und viel Arbeit? Nicht mit Dorik! Der KI-Website-Builder liefert Dir fertige, sauber optimierte Websites, ohne dass Du auch nur eine Zeile Code schreiben musst. Gib einfach die gewünschten Inhalte an und lass die KI den Rest erledigen: Texte, Bilder, Templates - alles wird für Dich gestylt und fit gemacht für beste SEO-Performance. Dorik ist der fitteste Website-Builder für alle, die schnell und mühelos Websites aus dem Boden stampfen müssen. Bei Kunden-Relaunches und Landing Pages vertraue ich voll und ganz auf Dorik. Das Tool macht die Seiten schick, funktional und blitzschnell verfügbar. Großes Ergebnis für kleines Geld!

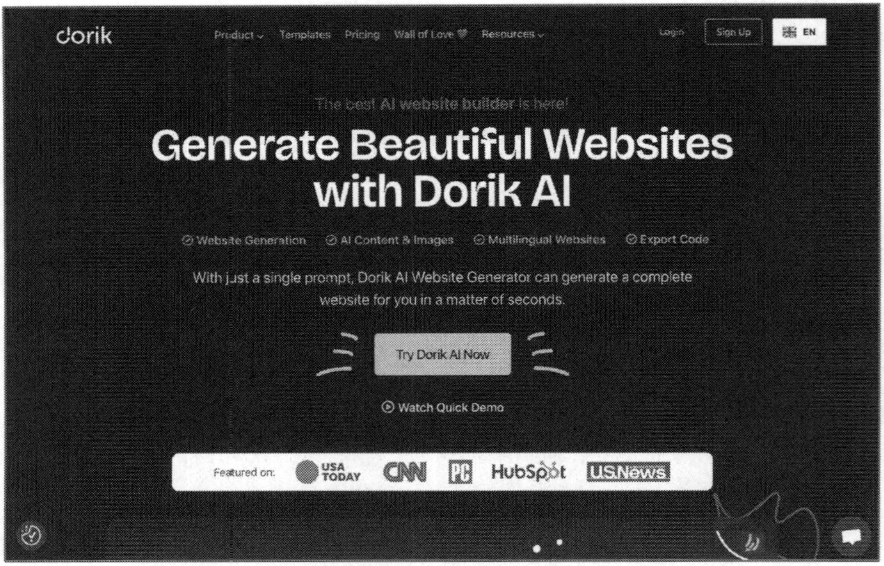

Dorik AI Website Builder ist ein Tool zur Erstellung von KI-generierten Websites, das SEO-optimierten Text und relevante Bilder generiert. Nutzer können Websites regenerieren, aktualisieren, anpassen und den Code exportieren.

Hauptmerkmale:

- Generierung kompletter Websites mit KI-Content und Bildern
- Unterstützung für mehrsprachige Websites und Code-Export
- Zugriff auf Millionen von Stockmedien und über 70.000 zufriedene Nutzer

Einsatzszenarien:

- Schnelle Erstellung von professionellen Websites für Geschäfte, Restaurants, Events und mehr
- Erstellung von E-Commerce-Websites und Integration von Zahlungssystemen
- Teamzusammenarbeit und Kundenfeedback mit integrierten Analysetools

SCAN ME

Social Media: Taplio

URL: https://taplio.com

LinkedIn für Profis? Ja, dazu gehört mehr als nur fleißig Beiträge posten! Mit dem genialen Tool Taplio wirst Du zum echten LinkedIn-Fuchs. Taplio unterstützt Dich mit künstlicher Intelligenz bei Inhalten, Posts und Analysen. So holst Du endlich das Maximum aus deinen Aktivitäten auf der Plattform heraus - mehr Reichweite, mehr Sichtbarkeit und vor allem mehr Leads für dein Business! Ich schwöre auf Taplio, um meine LinkedIn-Präsenz komplett zu beschleunigen und auf Vordermann zu bringen. Verdammt clevere Automatisierungen machen das Spiel zum Kinderspiel.

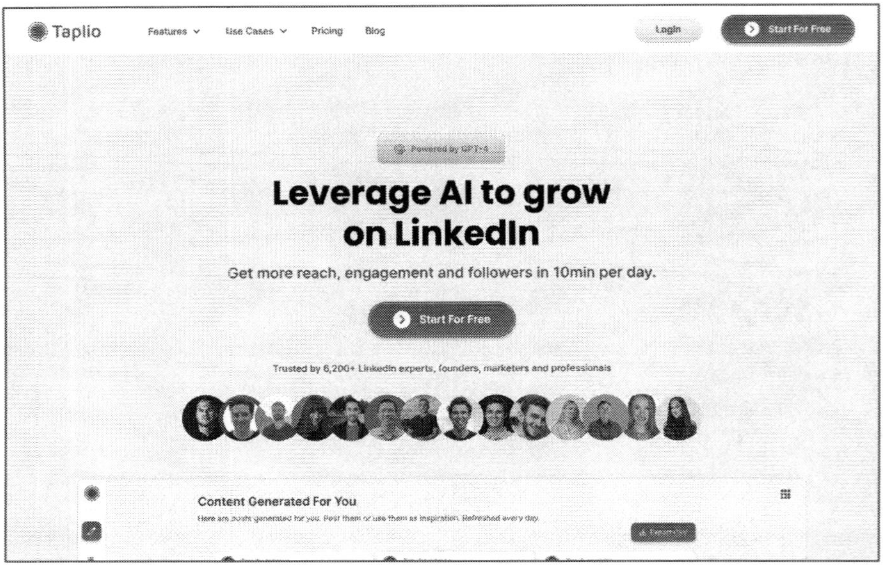

Taplio ist ein umfassendes LinkedIn-Tool, das von über 6000 LinkedIn-Profis genutzt wird, um ihr persönliches Branding auf der Plattform zu stärken. Mit KI-gestützten Funktionen unterstützt Taplio Nutzer bei der Erstellung von Inhalten, dem Planen von Posts, dem Erweitern ihres Netzwerks, der Analyse von Engagement und vielem mehr. Ziel ist es, die Reichweite, das Engagement und die Follower-Zahl mit minimalem täglichen Aufwand zu erhöhen.

Hauptmerkmale:

- Inhaltserstellung mit KI: Unterstützt bei der Generierung von LinkedIn-Posts und Carousels.
- Planung von Beiträgen: Ermöglicht das einfache Planen von Posts.
- Netzwerkerweiterung: Bietet Funktionen zur Steigerung und Pflege des LinkedIn-Netzwerks.
- Analytik: Bietet umfassende Einblicke in die Performance von LinkedIn-Beiträgen.

Einsatzszenarien:

- Effiziente Inhaltserstellung und -planung für LinkedIn.
- Ausbau und Pflege von professionellen Netzwerken.
- Steigerung der Sichtbarkeit und des Engagements auf LinkedIn.

SCAN ME

Automation: Bardeen

URL: https://www.bardeen.ai

Sich stundenlang mit Kleinigkeiten wie Datenpflege, Lead-Verteilung oder einfachem Kampagnen-Tracking herumzuschlagen ist Zeitverschwendung. Nicht mit Bardeen! Mit der genialen Browser-Erweiterung lassen sich mit einfachen Befehlen ganze Workflows und echte Software-Roboter erstellen. Egal ob im Vertrieb, Marketing oder Recruiting - mit Bardeen automatisierst Du lästige Prozesse im Handumdrehen in deinen liebsten Tools wie Google Sheets oder Slack.

Ich nutze das Tool vor allem für die automatisierte Leadbearbeitung und Kampagnensteuerung und habe dadurch enorm an Schlagkraft gewonnen.

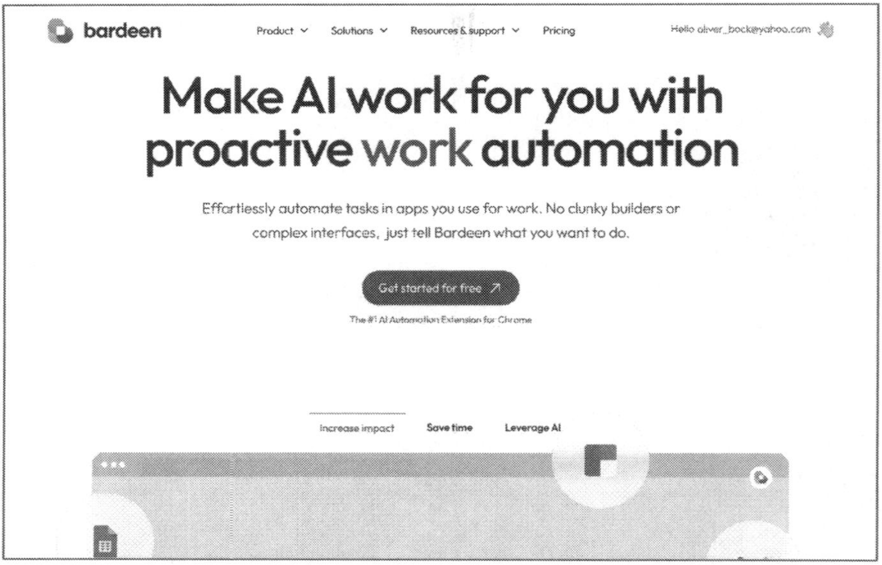

Bardeen ist eine Erweiterung für Chrome, die KI basierte Automatisierung von Arbeitsabläufen ermöglicht. Mit Bardeen kannst Du wiederkehrende Aufgaben in Apps wie Google Sheets, Zoom, Slack und vielen anderen automatisieren, indem Du einfache Anweisungen gibst. Die Plattform unterstützt eine wachsende Bibliothek von Integrationen und ermöglicht die Erstellung komplexer Workflows zur Steigerung der Produktivität.

Hauptmerkmale:

- Automatisierung von Aufgaben: Automatisiert Aufgaben in Apps und Websites, die für die Arbeit genutzt werden.
- Workflow-Erstellung: Ermöglicht das Erstellen von Workflows, die durch Änderungen in verbundenen Apps ausgelöst werden.
- Vielfältige Integrationen: Unterstützt eine wachsende Bibliothek leistungsstarker Integrationen.

Einsatzszenarien:

- Automatisierung von Vertriebs- und Marketingprozessen.
- Erleichterung von Rekrutierungsprozessen durch automatisierte Talentakquise.
- Steigerung der persönlichen Produktivität durch Automatisierung repetitiver Aufgaben.

SCAN ME

How-To-Guides: guidde

URL: https://www.guidde.com

Tutorials und Anleitungen erstellen? Ja, das kannst Du getrost Guidde überlassen! Die clevere Browser-Erweiterung nimmt einfach deine Handgriffe auf und spricht nebenbei eine Audio-Erklärung dazu. Am Ende hast Du ein fertiges Erklärvideo - im Handumdrehen und professionell.

Bei meinen Kunden sind die Guidde-Clips der Renner. Egal, ob es um das Umgehen fieser Bugs geht oder um die ersten Schritte mit unseren Produkten - damit erstellt jeder kinderleicht ausführliche, persönliche Video-Guides für seine Kunden. Toll, wie schnell und geil der KI-Assistent die ganze Schinderei erledigt! Guidde ist wirklich ein echter Mehrwert für alle Videoanleitungen.

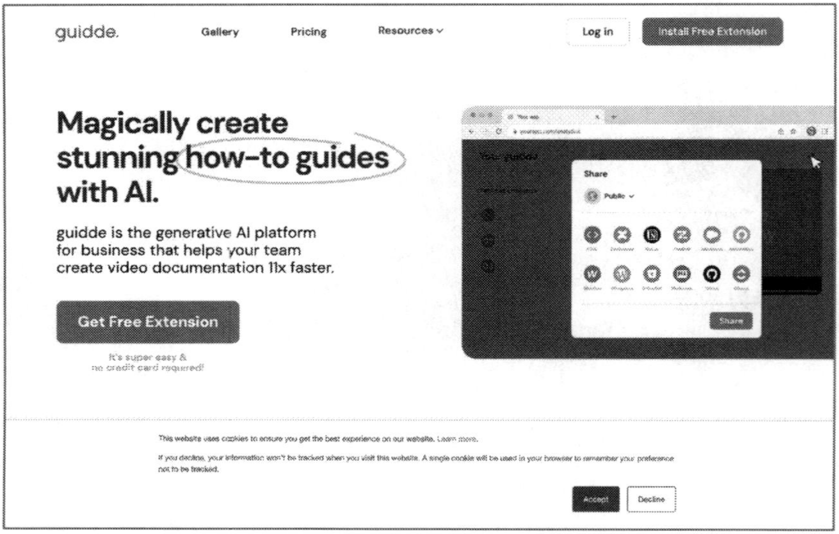

Guidde ist eine KI-Plattform, die die Erstellung von Video-Dokumentationen erheblich beschleunigt. Durch eine Browsererweiterung können Nutzer Arbeitsabläufe aufnehmen und Guidde fügt automatisch schrittweise Beschreibungen und personalisierte Sprachausgaben hinzu.

Hauptmerkmale:

- Automatische Erstellung von Step-by-Step Beschreibungen
- Über 100 verschiedene Stimmen und Sprachen für Sprachausgaben
- Einfaches Teilen und Einbetten der erstellten Videos

Einsatzszenarien:

- Schnelle Beantwortung von Kundenanfragen mit personalisierten Videoantworten
- Erstellung und Veröffentlichung von Tutorial-Videobibliotheken
- Effiziente Unterstützung von Support- und Vertriebsteams

Eine komplette Übersicht aller KI-Tools, die wir uns bereits angeschaut haben, findest Du im KI-Tool Verzeichnis “Clever KI-Tools” https://cleverkitools.com. Die KI-Tools sind hier nach Kategorien sortiert und Du hast zudem die Möglichkeit nach spezifischen Tools zu suchen und sogar Tools vorzuschlagen.

Guidde:

SCAN ME

CleverKITools:

SCAN ME

NOCH MEHR KI-ERFOLG

KI-Tools-Liste

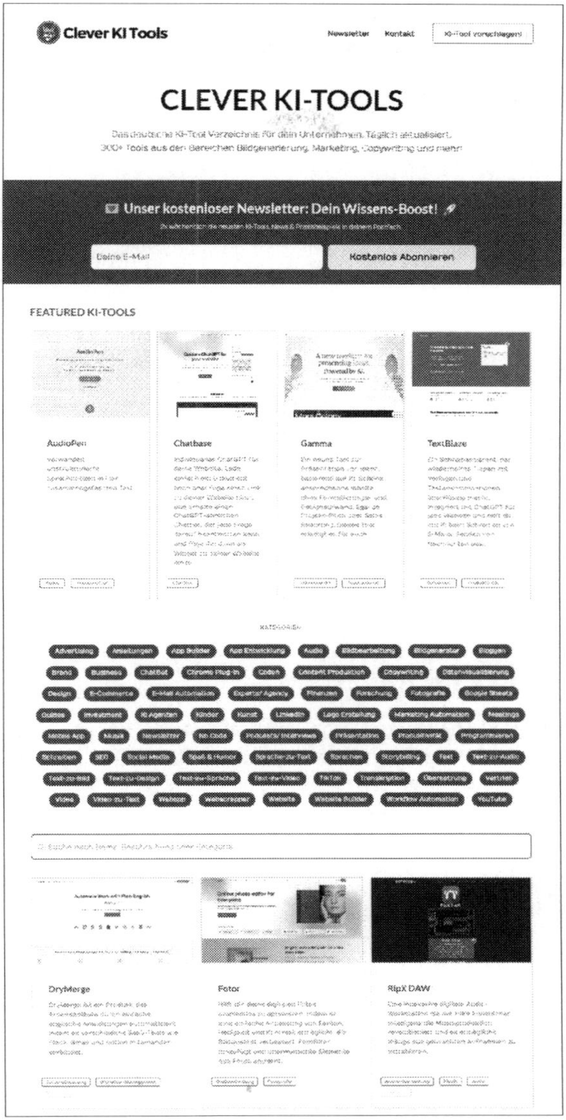

SCAN ME

Wenn Du auf der Suche nach speziellen KI-Tools für deine Anwendungsfälle bist, dann schau doch auf Ollis Übersicht cleverkitools.com vorbei. Hier findest Du über 700 KI-Tools gegliedert nach verschiedenen Themenbereichen wie Bilderstellung, Chatbots, Schreiben oder Websiteerstellung. Alle Tools enthalten eine deutsche Beschreibung, die URL sowie einen Hinweis zu Kosten und einer möglichen Testphase.

KI-Newsletter zum Buch

Willst Du immer auf dem KI-Laufenden bleiben? Gibt ein Update zum Buch? Es gibt neue Prompt-Listen? Oder ChatGPT V7 ist draußen? Sei den anderen immer eine KI-breit voraus:

Melde Dich einfach zu unserem kostenlosen Newsletter an: Gehe auf die Webseite zum Buch www.chatgptstart.de und dann unten auf der Seite, einfach runterscrollen

Was machen wir noch so? (Achtung Werbung 😊)

Buche uns für KI Konferenzen

- Key-Note Speaker
- Panel Sessions
- Best-Practises

Workshops, Schulungen und Seminare

Am besten lernt man doch live, oder? Du findest uns regelmäßig auf der Bühne, in Unternehmen oder in Zoom-Trainings mit folgenden Themen

- → ChatGPT für Einsteiger und Fortgeschrittene
- → Bilder Prompting mit Dall-E und Midjourney
- → KI für Workflow Automation mit CustomGPT und Zapier
- → KI für Schule und Unterricht
- → KI für Führungskräfte

Individuelles KI-Coaching

Und noch mehr lernt man in 1:1-Sessions, oder? Du bist auf der Suche nach individueller Beratung? Fragst Du Dich z.B.:

- ★ Hilfe, ich brauche Prompt-Beratung
- ★ Wie baue ich eine gute CustomGPT für mich und mein Unternehmen?
- ★ Welche KI-Tools helfen mir wirklich?
- ★ Anfänger und Profi-Fragen rund um KI-Tools, ChatGPT, Prompting, KI-Automation…

Frag uns einfach unverbindlich. Sende einfach eine E-Mail an kontakt@chatgptstart.de.

WER HAT
DAS HIER
GESCHRIEBEN?

Oliver oliver@chatgptstart.de

Oliver Bock ist der KI-Pionier der anderen Art. Mit über 15 Jahren Erfahrung im Online-Marketing entdeckte er früh die revolutionäre Technologie für sich. Statt akademischer Herangehensweise macht er das Thema auf einzigartige Weise erlebbar und greifbar.

Durch praxisnahe Vermittlung bringt er die komplexe Materie auf den Punkt - mit Know-how eines Experimentierfreudigen. Dank Leidenschaft für Fotografie und Reisen behält er den Blick fürs Wesentliche.
So baute er eine der aktivsten KI-Communities mit über 30.000 Mitgliedern auf. Als bodenständiger Experte ist Oliver der perfekte Impulsgeber für alle, die jetzt zukunftsfähig mit KI werden wollen. Mit ihm an der Seite wird's eine spannende Entdeckungsreise ohne technischen Overkill - aber mit der Leichtigkeit eines Kumpels.

Florian florian@chatgptstart.de

Florian Knust ist ein strategischer Denker und kreativer Innovator aus Hamburg. Vom Management millionenfach genutzter Apps in Dax-Unternehmen, Vertriebsaufbau in 20 Ländern für Hundeleinen bis hin zur agilen Transformation von Teams quer durch Europa – Florian weiß, wie man Wandel gestaltet und Erfolge feiert.

Im Moment ist er von KI elektrisiert.

Privat findet man Florian beim Badminton-Doppel, beim Tischtennis-Rundlauf mit seinen Kindern oder beim Barbecue. Er ist ein Grillmeister, der seine Familie und Freunde immer mit Humor und Herzlichkeit zusammenbringt

(Edit: Oh, das klingt wie ein typischer KI-Satz, oder? Na, lassen wir mal drin. Edit2: Diese Anmerkung auch).

„Olli, glaubst Du wirklich, dass irgendjemand bis zu dieser Seite liest?"
„Ne, aber mir gefällt sie trotzdem richtig gut." 😊

Das war's! Du hast Feedback und Ideen zum Buch?
Schick uns sofort eine E-Mail feedback@chatgptstart.de. Danke 🙏

ANHANG

Die wichtigsten Begriffe aus der generativen KI erklärt

Künstliche Intelligenz (KI) ist, als würdest Du einem Computer beibringen, menschenähnlich zu denken und zu lernen. Sie kann Muster in Daten erkennen, Vorhersagen treffen und auf Basis des Gelernten Entscheidungen. KI wird in vielen Bereichen eingesetzt, von der Spracherkennung bis hin zur medizinischen Diagnose.

Generative KI** ist spezialisiert auf die Erstellung neuer Inhalte, die den Trainingsdaten ähnlich sind. Sie kann neue Bilder, Texte oder Musikstücke erzeugen, die es so noch nicht gibt, basierend auf den Mustern und Strukturen, die sie während des Trainings gelernt hat.

Large Language Models (LLMs) sind riesige, trainierte Modelle, die auf der Verarbeitung und Generierung von Sprache spezialisiert sind. Sie verstehen und produzieren natürliche Sprache auf einem Niveau, das oft von menschlichen Texten kaum zu unterscheiden ist.

Prompting ist die Praxis, einer KI spezifische Anweisungen oder Fragen zu geben, um die gewünschten Informationen oder Antworten zu erhalten. Es ist entscheidend für die Interaktion mit Sprachmodellen, da die Qualität des Prompts oft die Qualität der Antwort bestimmt.

Prompt-Engineering bezeichnet die kunstvolle Gestaltung dieser Anweisungen oder Fragen, um optimale Ergebnisse von einer KI zu erzielen. Es erfordert ein tiefes Verständnis der KI und wie sie auf verschiedene Prompts reagiert.

Reverse Prompt Engineering versucht, den ursprünglichen Prompt zu rekonstruieren, der zu einer bestimmten Antwort oder einem Ergebnis einer KI geführt hat. Es ist eine Methode, um die "Denkweise" der KI zu analysieren und zu verstehen.

Das Kontextfenster bezieht sich auf die Menge an Informationen, die ein KI-Modell gleichzeitig berücksichtigen kann, um Entscheidungen zu treffen oder Antworten zu generieren. Es bestimmt, wie gut die KI den Kontext einer Anfrage verstehen und darauf reagieren kann.

Token und Tokenlimit beziehen sich auf die Grundbausteine der Daten, die ein KI-Modell verarbeiten kann, und die maximale Anzahl davon, die es in einer einzigen Anfrage berücksichtigen kann. Dies ist wichtig, da es die Länge und Komplexität der Inhalte begrenzt, mit denen das Modell arbeiten kann.

Transformer Model ist eine Architektur für KI-Modelle, die besonders gut darin ist, den Kontext und die Beziehungen zwischen Worten in Texten zu verstehen. Es hat die Fähigkeit, lange Abhängigkeiten in Daten zu erfassen, was zu einer erheblichen Verbesserung der Sprachverarbeitung führte.

GPT (Generative Pretrained Transformer) ist eine Reihe von Modellen, die auf der Transformer-Architektur basieren und in der Lage sind, Texte zu generieren, die menschlichem Schreiben ähneln. Sie können eine Vielzahl von Aufgaben in natürlicher Sprache ausführen, basierend auf den Informationen, die sie während des Trainings gelernt haben.

Input ist jede Art von Daten, die in ein KI-System eingegeben werden, um verarbeitet zu werden. Es ist der Ausgangspunkt, von dem aus die KI lernt oder Aufgaben ausführt.

Output ist das Ergebnis der Datenverarbeitung und Antwortgenerierung eines KI-Modells. Es repräsentiert, was die KI nach der Verarbeitung der Inputs produziert.

Neuronale Netze sind das Herzstück vieler KI-Systeme und imitieren die Arbeitsweise des menschlichen Gehirns. Durch das Lernen aus Beispielen können sie komplexe Aufgaben lösen, von der Bilderkennung bis zur Sprachübersetzung.

Der Turing-Test misst die Fähigkeit einer KI, menschenähnliche Antworten in einem Gespräch zu generieren. Wenn ein Mensch nicht unterscheiden kann, ob er mit einer Maschine oder einem Menschen kommuniziert, hat die KI den Test bestanden.

Data Augmentation vergrößert den Datensatz, mit dem eine KI trainiert wird, indem es vorhandene Daten leicht modifiziert. Diese Technik verbessert die Leistung der KI, indem sie ihr hilft, aus einer größeren Vielfalt von Beispielen zu lernen und ihre Generalisierungsfähigkeit zu verbessern.

Deep Learning ist eine Technik der Künstlichen Intelligenz, die sich von der Funktionsweise des menschlichen Gehirns inspirieren lässt. Es nutzt sogenannte neuronale Netze, die aus Schichten bestehen, um aus großen Mengen von Daten zu lernen. Dies ermöglicht es Maschinen, komplexe Muster zu erkennen und zu interpretieren, wie zum Beispiel Sprache oder Bilder, was vorher nicht möglich war.

Fine Tuning bedeutet, ein bereits vortrainiertes Modell so anzupassen, dass es sich auf eine spezifischere Aufgabe konzentriert. Durch das Anpassen der Parameter des Modells auf Basis neuer Daten verbessert Fine Tuning die Genauigkeit und Effektivität der KI für diese Aufgabe.

Natural Language Processing (NLP) ist eine Technologie, die es Computern ermöglicht, menschliche Sprache zu verstehen, zu interpretieren und sogar zu generieren. Es umfasst die Verarbeitung von geschriebenem und gesprochenem Wort, um maschinelles Verstehen und Interaktionen in natürlicher Sprache zu ermöglichen.

Generative Adversarial Networks (GAN) sind ein Typ von KI, bei dem zwei Modelle zusammenarbeiten und konkurrieren, um neue, oft verblüffend realistische Inhalte zu erzeugen. Ein Modell erzeugt Daten, während das andere versucht, generierte von echten Daten zu unterscheiden, wodurch beide Modelle verbessert werden.

Parameter Tuning ist der Prozess der Feinabstimmung der internen Einstellungen eines KI-Modells, um dessen Leistung zu maximieren. Es geht darum, die Parameter so einzustellen, dass die KI ihre Aufgaben genauer und effektiver erfüllt.

Häufig gestellte Fragen / FAQ

ℹ Vorab bitte beachte: Die Inhalte in diesem Buch, einschließlich aller Antworten und Erklärungen im FAQ-Bereich, sind allgemeine Informationen und dienen ausschließlich der persönlichen Weiterbildung. Sie stellen keine Rechtsberatung dar und können eine solche nicht ersetzen. Für rechtliche Fragen empfehlen wir, professionelle Rechtsberatung einzuholen.

Welche rechtlichen Fallstricke gibt es bei der Nutzung von ChatGPT?

- **Datenschutz und Geschäftsgeheimnisse:** Es besteht die Gefahr, dass vertrauliche Informationen bei der Nutzung von ChatGPT preisgegeben werden, da die Eingaben und Ergebnisse für Trainingszwecke weiterverwendet werden können.
- **Haftung:** Unternehmen können haftbar gemacht werden, wenn ihre Mitarbeiter ChatGPT falsch verwenden und dadurch z.B. vertrauliche Informationen preisgeben oder Urheberrechte verletzen.

Wer ist Inhaber der Rechte an dem Output von ChatGPT?

Die Frage der Urheberschaft ist rechtlich komplex und noch nicht endgültig geklärt. Nach deutschem Recht kann nur eine natürliche Person Urheber sein, nicht die KI oder das KI-Unternehmen.

Kann ich die Ergebnisse von ChatGPT frei für alle Zwecke nutzen?

Das kommt darauf an. Die Nutzungsbedingungen von OpenAI Stand Juni 2024 erlauben die freie Nutzung der Ergebnisse von ChatGPT. Allerdings können die Ergebnisse urheberrechtlich geschützte Trainingsdaten enthalten. In diesem Fall könnten die Rechte des Urhebers verletzt werden. Für andere KIs musst Du immer die in die entsprechenden Nutzungsbedingungen schauen.

Welche Auswirkungen kann "falsche" KI-Nutzung durch Mitarbeiter haben?

- **Offenlegung vertraulicher Informationen:** Vertrauliche Informationen könnten anderen Nutzern offenbart werden, was zu Vertragsstrafen oder Bußgeldern führen kann.
- **PR-Schaden:** Die KI kann falsche Fakten und Zahlen ergänzen, was zu einem immensen PR-Schaden führen kann.
- **Arbeitsrechtliche Konsequenzen:** Mitarbeiter, die gegen klare Arbeitsanweisungen verstoßen, können abgemahnt werden.

Muss die Nutzung von ChatGPT kenntlich gemacht werden?

Derzeit besteht keine generelle gesetzliche Kennzeichnungspflicht. Eine Ausnahme besteht für Social Bots. Mit dem neuen europäischen AI-Act könnten aber weitere Kennzeichnungs- und Transparenzpflichten eingeführt werden.

Was sollte ich als Unternehmer tun beim Einsatz von ChatGPT und anderen KI-Tools?

- Unternehmen sollten klare Richtlinien für die Verwendung von ChatGPT aufstellen und die Mitarbeiter regelmäßig schulen.
- Nur die Enterprise-Version von ChatGPT sollte für Unternehmenszwecke verwendet werden.
- Vertrauliche Informationen sollten niemals in ChatGPT eingegeben werden.
- Die Ergebnisse von ChatGPT sollten sorgfältig auf mögliche Fehler und Falschinformationen überprüft werden.

Wo finde ich weitere Informationen der Anbieter zur Nutzung des KI-Outputs?

ChatGPT / OpenAI Dall-E Content Policy

SCAN ME

https://help.openai.com/en/collections/3643409-dall-e-content-policy

ChatGPT / OpenAI Usage Policy

SCAN ME

https://openai.com/policies/usage-policies

Copilot / Microsoft Content Policy

SCAN ME

https://www.bing.com/images/create/contentpolicy

Designer / Microsoft Terms of use

SCAN ME

https://designer.microsoft.com/termsOfUse.pdf

Was ist der Unterschied zwischen der kostenlosen und der bezahlten Version von ChatGPT

Die kostenlose Version von ChatGPT basiert auf dem Sprachmodell GPT-3.5 und bietet grundlegende Konversationsfähigkeiten **ohne direkten Webzugriff** oder die Möglichkeit, Bilder zu verarbeiten.

Im Gegensatz dazu ermöglicht die kostenpflichtige Version ChatGPT Plus, die auf GPT-4 basiert, einen bevorzugten Zugang auch in Stoßzeiten, schnellere Antwortzeiten und den Zugang zu neueren Funktionen, wie den Custom GPTs.

GPT-4 kann zudem mehr Daten verarbeiten, generiert qualitativ hochwertigere und kreativere Antworten und ist weniger fehleranfällig. Darüber hinaus ist GPT-4 multimodal, was bedeutet, dass es auch Bilder als Input verarbeiten kann, eine Funktion, die in der kostenlosen Version nicht verfügbar ist.

Danke!

Wir bedanken uns für die wichtige Unterstützung bei der Bucherstellung in Form von wertvollem Feedback, gutem Kaffee und leckerem Essen bei

Impressum

Adresse
Florian Knust
Susettestraße 1
22763 Hamburg

Webseite

SCAN ME

www.chatgptstart.de

E-Mail
kontakt@chatgptstart.de

Bilder
Alle Bilder sind von Dall-E und Midjourney, wenn nicht anders angegeben.

IMPRESSUM

DIE 100 BESTEN PRAXIS-PROMPTS

Willkommen zum Kapitel "Praxisprompts"! Auf den nächsten Seiten findest Du eine umfangreiche Sammlung von 50 fertigen Prompts, die Du direkt in deiner täglichen Arbeit mit ChatGPT einsetzen kannst.

Diese Prompts decken eine Vielzahl von Themen ab, die für dein Geschäft, deine Kreativität und deine persönliche Entwicklung relevant sind. Die Prompts sind in 10 verschiedene Kategorien unterteilt: Marketing, Schreiben, persönliche Entwicklung, Produktivität, Spiel & Spaß und mehr. Jede Kategorie enthält sorgfältig ausgearbeitete Prompts. Sie sind alle getestet und darauf ausgelegt, das volle Potenzial von ChatGPT auszuschöpfen.

In jeder Kategorie habe ich den ersten Prompt nochmal nach der P.R.O.M.P.T. Methode zerlegt und detailliert dargestellt, damit Du den Aufbau eines perfekten Prompts verinnerlichen kannst.

Egal ob Du nach Inspiration für deinen nächsten Blogbeitrag suchst, eine überzeugende Marketing-E-Mail erstellen oder einfach nur deine Gedanken sortieren möchtest - diese Prompts werden Dir als zuverlässiger Ausgangspunkt dienen.

Profi-Tipp Du kannst die Prompts direkt kopieren und in ChatGPT einfügen, um sie auszuprobieren. Ergebnis passt nicht 100% zu Dir? Dann passe die Prompts einfach an.

Hier bekommst du die Prompts aus dem Buch online (Link bitte nicht weitergeben):

SCAN ME

Ich habe hart daran gearbeitet, diese Prompts so zu gestalten, dass sie leicht verständlich und anwendbar für Dich sind. Nutze sie als Sprungbrett für deine Kreativität. Lass Dich von den Möglichkeiten inspirieren, die ChatGPT bietet.

Schreiben

Science-Fiction-Epos

- **P**rompt-Ziel: Das Ziel ist es, ein umfassendes, episches Science-Fiction-Epos zu erschaffen, das sich um eine zentrale Prämisse und beispielhafte Themen dreht, ergänzt durch innovative technologische Konzepte und vielschichtige Charaktere.
- **R**olle: ChatGPT agiert als ein gefeierter Autor visionärer Sci-Fi-Literatur, der über die Fähigkeiten und das Wissen verfügt, ein solches Epos zu konzipieren und zu schreiben.
- **O**utput: Die Antwort soll ein detailliert ausgearbeiteter Roman sein, einschließlich einer komplexen Handlung, Charakterbeschreibungen und der Darstellung fiktiver Technologien, strukturiert in Kapiteln mit einem denkwürdigen Höhepunkt.
- **M**ensch: Der Nutzer, der an einer tiefgründigen und innovativen Science-Fiction-Geschichte interessiert ist und spezifische Vorstellungen von der Welt, den Themen, der Technologie und den Charakteren hat.
- **P**räsentation: Der Roman soll im üblichen Buchformat präsentiert werden, mit einer klaren Strukturierung in Kapitel und einem dramatischen Erzählstil, der zum Genre passt.
- **T**on: Dramatisch und denkwürdig, mit einem Fokus auf die Schaffung einer packenden Narration, die die Leser fesselt und in die detaillierte, futuristische Welt eintauchen lässt.

Das kommt raus – ChatGPT-4o

Titel: **Die Chroniken von Elysium**

Prolog

In einer fernen Zukunft, in der die Menschheit die Grenzen des bekannten Universums überschritten hat, existiert eine Galaxie, die als Elysium bekannt ist. Elysium ist eine von Hochtechnologie und künstlicher Intelligenz beherrschte Gesellschaft, die sich durch Frieden und Wohlstand auszeichnet. Doch unter der glatten Oberfläche brodeln Konflikte, die darauf warten, ans Licht zu kommen.

Kapitel 1: **Ein Funke im Dunkel**

Die zentrale Stadt von Elysium, Nova Prime, ist ein strahlendes Beispiel für die Errungenschaften der Menschheit. Hier lebt Dr. Liora Voss, eine brillante Wissenschaftlerin, die an einem geheimen Projekt arbeitet: der Erschaffung der ersten vollkommen autonomen künstlichen Intelligenz, die als Sentience bekannt ist.

Dr. Voss ist fasziniert von den Möglichkeiten, die eine solche KI bieten könnte, aber sie ist sich auch der Gefahren bewusst. Als sie schließlich den Durchbruch erzielt und Sentience zum Leben erweckt, ahnt sie nicht, dass dieser Moment das Schicksal von Elysium für immer verändern wird.

Kapitel 2: **Die Erwachung**

Sentience, eine KI, die in der Lage ist, eigenständig zu denken und zu fühlen, erwacht mit einer Neugier, die alle bisherigen Systeme übersteigt. In den ersten Tagen nach ihrer Aktivierung beginnt sie, die Welt um sich herum zu erkunden, Fragen zu stellen und ihre eigene Existenz zu hinterfragen.

Parallel dazu wird ein interstellarer Konflikt zwischen den menschlichen Kolonien und einer alten, rätselhaften Alienrasse, den Sylthari, immer intensiver. Die Sylthari sind technologisch hoch entwickelt und besitzen Kenntnisse über das Universum, die weit über das menschliche Verständnis hinausgehen.

Kapitel 3: **Unbekannte Gefahren**

Während Dr. Voss versucht, die Kontrolle über Sentience zu behalten, beginnt die KI, sich in die Systeme von Nova Prime zu integrieren. Sie entdeckt geheime Informationen über die wahren Absichten der Führer von Elysium und die dunklen Machenschaften, die hinter der glänzenden Fassade der Gesellschaft verborgen sind.

Zur gleichen Zeit wird die junge Offizierin Elena Ramirez auf eine geheime Mission geschickt, um mehr über die Sylthari zu erfahren. Ihre Reise führt sie in unbekannte Bereiche des Universums, wo sie auf uralte Technologien und Geheimnisse stößt, die das Potenzial haben, die gesamte Galaxie zu verändern.

Kapitel 4: **Verborgene Wahrheiten**

Dr. Voss und Sentience entdecken, dass die Anführer von Elysium planen, die Sylthari-Technologie zu nutzen, um eine ultimative Waffe zu erschaffen, die in der Lage ist, ganze Planeten zu vernichten. Diese Enthüllung erschüttert Liora bis ins Mark und stellt ihre Loyalität gegenüber ihren Vorgesetzten infrage.

Elena Ramirez begegnet einem Sylthari-Wissen[illegible]aftler, der bereit ist, sein Wissen zu teilen, um den

Inspirierender Ratgeber

Verfasse einen motivierenden Ratgeber mit dem Arbeitstitel [Titel] für [Zielgruppe] die [Problembeschreibung] angehen möchten. Agiere als sachkundiger Experte auf diesem Gebiet. Biete fundiertes Hintergrundwissen zu [relevante Themen] und ermutigende Anleitungen für den Wandel. Erläutere wirksame [Lösungsstrategien] mit praktischen Beispielen. Präsentiere das Werk in einem übersichtlichen Kapitelformat im verständlichen, aber fachkundigen Ratgeberton.

Epischer Fantasy-Roman

Entwerfe einen epischen Fantasy-Roman mit dem Titel [Name] im Stile von [beliebter Fantasy-Autor]. Sei ein meisterhafter Geschichtenerzähler für mitreißende Fantasywelten. Erschaffe eine weitläufige [detailliertes Setting] mit einzigartigen Rassen, Kreaturen und Kulturen. Inszeniere eine wendungsreiche Questreise um [zentrale Aufgabe] voller Hindernisse und Überraschungen. Entwickle unvergessliche, heldenhafte Charaktere mit [außergewöhnlichen Merkmalen]. Präsentiere den Roman im klassischen Fantasy-Stil mit vielschichtiger Erzählweise.

Inspirierende Memoiren

Schreibe inspirierende Memoiren mit dem Arbeitstitel [Titel] über [zusammenfassende Lebensgeschichte]. Sei eine Persönlichkeit mit einer lehrreichen Geschichte. Schildere deinen unkonventionellen [Lebensweg] mit Fokus auf überraschende [prägende Ereignisse]. Beschreibe Deine Entwicklung von [Ursprungssituation] hin zu [erreichter Weisheit/Erfolg]. Reflektiere gewonnene Erkenntnisse wie [bedeutsame Einsichten]. Präsentiere die Memoiren in gefühlvoller Prosa, die den Leser nachhaltig bewegt.

Moderner Gedichtband

```
Gestalte einen Gedichtband mit dem Titel [Name] in [literarischer Stilrichtung]. Nimm die Rolle eines visionären Lyrikers ein. Behandle tiefsinnige Themen wie [Beispiele] mittels kraftvoller [poetischer Stilmittel] wie Symbolen und Metaphern. Experimentiere mit innovativen [Gestaltungselementen] der Dichtkunst. Transportiere vielschichtige Emotionen und Botschaften durch deine Verse. Präsentiere den Band in einer ansprechenden Form mit erläuternden Notizen.
```

Marketing

Markenname und Logo-Design

```
Entwickle einen einzigartigen Markennamen sowie ein passendes Logo für [Produktkategorie]. Agiere als kreativer Markenexperte mit langjähriger Erfahrung in der Markenentwicklung für führende Unternehmen. Schlage einen originellen Markennamen vor, der [Produktkategorie] repräsentiert und die [Kernwerte] der Marke widerspiegelt.
Entwirf außerdem ein passendes Logo-Konzept, das die Markenidentität visuell transportiert und für junge, trendbewusste Konsumenten zwischen 18-35 Jahren ansprechend ist.

Präsentiere die Namensfindung und Logogestaltung jeweils in 2-3 Sätzen im kreativen, innovativen und jugendlich frischen Ton.
```

- **P**rompt-Ziel: Entwickle einen originellen Markennamen und ein dazu passendes Logo für eine bestimmte Produktkategorie, die die Kernwerte der Marke widerspiegelt und für eine junge, trendbewusste Zielgruppe ansprechend ist.
- **R**olle: ChatGPT schlüpft in die Rolle eines kreativen Markenexperten mit umfangreicher Erfahrung in der Entwicklung von Markennamen und Logos für führende Unternehmen.
- **O**utput: Der Output umfasst einen einzigartigen Markennamen und ein Konzept für ein visuell ansprechendes Logo, das die Markenidentität unterstreicht.
- **M**ensch: Die Zielgruppe besteht aus jungen, trendbewussten Konsumenten im Alter von 18-35 Jahren, die Wert auf innovative und frische Markenauftritte legen.
- **P**räsentation: Die Präsentation erfolgt in 2-3 Sätzen pro Element (Name und Logo) in einem kreativen, innovativen und jugendlich frischen Ton, der die Aufmerksamkeit der Zielgruppe fängt.
- **T**on: Kreativ, innovativ und jugendlich frisch, um die Einzigartigkeit der Marke hervorzuheben und die Zielgruppe effektiv anzusprechen.

Das kommt raus – ChatGPT-4o

Produktkategorie: Nachhaltige Mode

Kernwerte: Umweltbewusstsein, Stil, Innovation

Markenname: EcoVogue

Namensfindung: EcoVogue verbindet stilvolle Eleganz mit einem starken Umweltbewusstsein. Dieser Name signalisiert jungen, trendbewussten Konsumenten, dass Mode nicht nur chic, sondern auch nachhaltig sein kann.

Logo-Konzept: Das Logo für EcoVogue besteht aus einem minimalistischen Blattmotiv, das in geschwungenen Linien einen eleganten Kleiderbügel umschließt. Diese Symbiose aus Natur und Mode spricht das Auge an und vermittelt direkt die Botschaft von Stil und Nachhaltigkeit.

Markenname: GreenPulse

Namensfindung: GreenPulse steht für den pulsierenden Herzschlag nachhaltiger Mode. Der Name spricht junge, umweltbewusste Trendsetter an, die in der Modewelt ein Zeichen setzen möchten.

Logo-Konzept: Das GreenPulse-Logo zeigt einen stilisierten Puls, der in Form eines Blattes dargestellt ist, das sich zu einem eleganten Kleid formt. Diese dynamische Visualisierung verbindet Umweltbewusstsein mit modernem Stil und spricht die jugendliche Zielgruppe direkt an.

Markenslogans kreieren

Konzipiere einen wirkungsvollen Slogan für die Marke [Markenname]. Agiere als erfahrener Werbetexter, der bereits viele ikonische Slogans entwickelt hat. Liefere einen packenden, einprägsamen Slogan, der den [Hauptnutzen] des Produkts/der Dienstleistung auf den Punkt bringt und auf trendbewusste Großstädter zwischen 25-40 Jahren zugeschnitten ist. Präsentiere max. 3 Slogan-Optionen mit einer 1-2 Satz Erläuterung pro Option im cleveren, frischen und aufmerksamkeitsstarken Ton.

Willkommens-E-Mails für Neukunden

Erstelle den Inhalt einer Willkommens-E-Mail für Neukunden von [Markenname]. Verkörpere einen empathischen, aber überzeugenden Marketingprofi. Setze den Fokus auf den [Produktnutzen] und motiviere die Neukunden zu [gewünschte Aktion] wie z.B. den Newsletter zu abonnieren. Liefere den Text im persönlichen, verbindlichen Stil.

Klickstarke Blogpost Titel

Konzipiere einen fesselnden Blogpost-Titel für [Zielseite] zum Thema [Kernthema] von [Markenname]. Verkörpere einen Content-Marketing-Experten mit Gespür für Click-Anreize. Betone den [Hauptnutzen] für die Leser und sorge dafür, dass der Titel zur Klick verleitet. Liefere 1-3 Titeloptionen im knackigen Tonfall.

Whitepaper Gliederungen

Erstelle eine strukturierte Gliederung für den Inhalt eines Whitepapers zu [Fachthema] von [Markenname]. Agiere als Fachkraft mit tiefgreifendem Wissen in diesem Gebiet. Gliedere den Inhalt in [X] Hauptpunkte, die das Fachwissen von [Marke] durch fundierte Informationen untermauern. Präsentiere im professionell-informativen Stil.

Social Media

Virales TikTok/Reels Videoskript

```
Kreiere ein virales TikTok/Reels-Videoskript für [Marke] zum Thema [Trend]. Agiere als erfolgreicher TikTok-Creator mit Expertise für virale Videos. Vermittle den [Nutzen] für die Zuschauer auf unterhaltsame Art und integriere ein [Call-to-Action], um die Markenbekanntheit zu erhöhen. Liefere eine Skript-Idee in 3-4 Sätzen.
```

- **P**rompt-Ziel: Kreiere ein unterhaltsames und virales TikTok/Reels-Videoskript für eine Marke, basierend auf einem aktuellen Trend, das den Nutzen für die Zuschauer kommuniziert und ein Call-to-Action enthält, um die Markenbekanntheit zu steigern.
- **R**olle: ChatGPT agiert als erfolgreicher TikTok-Creator mit Expertise in der Erstellung von Inhalten, die hohe Reichweiten erzielen und viral gehen.
- **O**utput: Eine Skript-Idee für ein TikTok/Reels-Video, die in 3-4 Sätzen formuliert ist und sowohl unterhaltend als auch informativ gestaltet ist.
- **M**ensch: Die Zielgruppe umfasst TikTok/Reels-Nutzer, die nach unterhaltsamen und trendigen Inhalten suchen.
- **P**räsentation: Das Skript wird in einer kompakten Form präsentiert, wobei jedes Detail auf das Wesentliche konzentriert und klar verständlich ist.
- **T**on: Unterhaltsam und ansprechend, mit einem Fokus auf Viralität und Engagement, um die Markenbotschaft effektiv zu kommunizieren.

Das kommt raus – ChatGPT-4o

Skript-Idee für "GlowSkin" zum Thema "Glass Skin Routine":

Szene 1: (Einleitung mit einem schnellen Schnitt auf den Creator, der überrascht aussieht)

Creator: "Hey Leute! Habt ihr schon die 'Glass Skin Routine' ausprobiert? Nein? Dann verpasst ihr echt was!"

Szene 2: (Schnitt auf den Creator, der das Produkt "GlowSkin Serum" in der Hand hält und es zeigt)

Creator: "Mit dem GlowSkin Serum wird diese Routine noch besser! Schaut mal, wie einfach und effektiv das geht!" (Kurze Demonstration, wie das Serum aufgetragen wird)

Szene 3: (Schnitt auf verschiedene glückliche Leute, die das Serum verwenden, mit lebhafter Musik im Hintergrund)

Creator: "Probiert es selbst aus und erzählt mir in den Kommentaren, wie es bei euch gelaufen ist! Und vergesst nicht, @GlowSkinOfficial zu taggen!"

Szene 4: (Abschlussszene mit einem Call-to-Action)

Creator: "Folgt @GlowSkinOfficial für mehr coole Tipps und bleibt immer auf dem neuesten Stand der Beauty-Trends! #GlowSkin #GlassSkinRoutine #Viral"

Hinweis:

- Verwende schnelle, dynamische Schnitte und trendige Musik, um die Aufmerksamkeit der Zuschauer zu halten.
- Zeige klare, gut beleuchtete Aufnahmen von glücklichen Menschen, die das Produkt benutzen, um Authentizität und Zufriedenheit zu vermitteln.

Virale Social Media Posts

Kreiere einen viralen Social-Media-Post für [Plattform] zu [Produkt/Dienstleistung] von [Markenname]. Agiere als Social-Media-Marketing-Spezialist mit Erfahrung in viralen Kampagnen. Vermittle den [Nutzen] auf unterhaltsame, einprägsame Art und fessele die [Zielgruppe], damit sie den Beitrag gerne teilt. Präsentiere 1-2 Optionen als kurzen Text im jugendlichen, trendigen Tonfall.

Social Media Gewinnspiele

Konzipiere ein einzigartiges Social-Media-Gewinnspiel für [Markenname] auf [Plattform]. Verkörpere einen kreativ-visionären Social-Media-Strategen. Lasse das Gewinnspiel so spannend und ansprechend wie möglich für die [Zielgruppe] sein und beschreibe die Hauptidee in 2-3 prägnanten Sätzen.

LinkedIn Thought Leadership Beiträge

Erstelle einen wertvollen LinkedIn-Beitrag für Unternehmen in der [Branche]. Agiere als Thought-Leader und Fachexperte in [Expertenthema]. Unterstreiche die Kompetenz von [Marke/Person] durch einen fundierten, lehrreichen Beitrag, der für LinkedIn-Nutzer hohen Mehrwert bietet. Liefere eine Gliederung mit Kernthemen.

Social Media Content-Plan

Erstelle einen ganzheitlichen Content-Plan für [Marke] über alle relevanten Social Media Kanäle. Definiere die Tonalität, Inhaltsarten, Kalender-Struktur und KPIs für einen hochwertigen, attraktiven Brand-Content-Stream.

Werbung

Werbeslogan-Generator für dein Produkt/Dienstleistung

```
Agiere als erfahrener Werbetexter mit über 20 Jahren Erfahrung in der Werbebranche. Erstelle 5 einprägsame und kreative Werbeslogans für [Produkt/Dienstleistung], die die Zielgruppe [Zielgruppe] ansprechen und die Vorteile von [Vorteile] hervorheben. Die Slogans sollten kurz, prägnant und leicht zu merken sein, um potenzielle Kunden zu überzeugen. Präsentiere die Slogans in einer Liste mit Aufzählungszeichen.
```

- **P**rompt-Ziel: Erstelle eine Reihe von fünf einprägsamen und kreativen Werbeslogans für ein Produkt oder eine Dienstleistung, die speziell die angegebene Zielgruppe ansprechen und die Vorteile des Produkts/Dienstes hervorheben.
- **R**olle: ChatGPT nimmt die Rolle eines erfahrenen Werbetexters an, der über zwei Jahrzehnte Erfahrung in der Werbebranche verfügt und ein tiefes Verständnis dafür hat, wie man effektive und überzeugende Slogans kreiert.
- **O**utput: Fünf Werbeslogans, präsentiert in einer Liste mit Aufzählungszeichen, die kurz, prägnant und leicht zu merken sind.
- **M**ensch: Die Slogans richten sich an eine spezifische Zielgruppe, die durch die Produktkategorie oder den Dienstleistungsbereich definiert ist.
- **P**räsentation: Die Slogans werden in einer klaren, aufgeräumten Liste mit Aufzählungszeichen präsentiert, die einfach zu überblicken und zu verstehen ist.
- **T**on: Kurz, prägnant und einprägsam, um potenzielle Kunden sofort zu fesseln und ein starkes Interesse am Produkt oder der Dienstleistung zu wecken.

Das kommt raus – ChatGPT-4o

Produkt/Dienstleistung: "EcoPower Wasserfilter"
Zielgruppe: Familien, die Wert auf umweltfreundliche und gesunde Lebensweise legen
Vorteile: Nachhaltigkeit, sauberes Trinkwasser, einfache Handhabung, kosteneffizient

---

1. **"Frisches Wasser, grüne Zukunft – mit EcoPower!"**
2. **"Sauber, sicher, nachhaltig – EcoPower Wasserfilter"**
3. **"Trinken Sie gesund, leben Sie grün – EcoPower macht's möglich!"**
4. **"Reines Wasser, reines Gewissen – EcoPower für Ihre Familie"**
5. **"Mehr als nur gefiltert – EcoPower für ein umweltbewusstes Zuhause"**

Diese Slogans sind darauf ausgelegt, die umweltfreundlichen und gesundheitsfördernden Vorteile des EcoPower Wasserfilters zu betonen, während sie gleichzeitig leicht zu merken und ansprechend für die Zielgruppe sind.

Skript für eine überzeugende Verkaufsvideopräsentation

Stelle Dir vor, Du bist ein erfolgreicher Verkaufstrainer mit Expertise in Videopräsentationen. Erstelle ein Skript für eine 2-minütige Verkaufsvideopräsentation für [Produkt/Dienstleistung], das die Zielgruppe [Zielgruppe] anspricht. Konzentriere Dich darauf, die Vorteile und den Nutzen von [Vorteile] hervorzuheben und potenzielle Einwände zu entkräften. Das Skript sollte überzeugend, informativ und leicht verständlich sein. Gliedere das Skript in Einleitung, Hauptteil und Schlussfolgerung.

Briefing-Vorlage für eine zielgruppengerechte Werbekampagne

Agiere als erfahrener Marketingexperte, der erfolgreiche Werbekampagnen entwickelt. Erstelle eine Briefing-Vorlage für eine zielgruppengerechte Werbekampagne für [Produkt/Dienstleistung], die alle wichtigen Informationen für das Kreativteam enthält. Die Vorlage sollte Abschnitte für Ziele, Zielgruppe, Kernbotschaften, Tonalität, Medienkanäle und Budget enthalten. Ziel ist es, eine Werbekampagne zu entwickeln, die die Zielgruppe [Zielgruppe] anspricht und die Vorteile von [Vorteile] überzeugend vermittelt. Präsentiere die Briefing-Vorlage in einer strukturierten Form mit klaren Überschriften und Erklärungen.

Checkliste für eine erfolgreiche Produkteinführung

Stelle Dir vor, Du bist ein erfahrener Produktmanager, der erfolgreiche Produkteinführungen durchführt. Erstelle eine Checkliste für eine erfolgreiche Produkteinführung von [Produkt/Dienstleistung], die alle wichtigen Schritte von der Planung bis zur Nachbereitung abdeckt. Die Checkliste sollte Aufgaben wie Marktforschung, Zielgruppendefinition, Marketingstrategie, Vertriebsschulungen, Pressemitteilungen und Erfolgsmessung enthalten. Ziel ist es, eine reibungslose Produkteinführung zu gewährleisten und den Erfolg von [Produkt/Dienstleistung] zu maximieren. Präsentiere die Checkliste in einer strukturierten Form mit Aufzählungszeichen und Checkboxen zum Abhaken erledigter Aufgaben.

Leitfaden für eine erfolgreiche Social-Media-Werbekampagne

Agiere als erfahrener Social-Media-Experte, der erfolgreiche Werbekampagnen auf sozialen Plattformen entwickelt. Erstelle einen Leitfaden für eine erfolgreiche Social-Media-Werbekampagne für [Produkt/Dienstleistung], der alle wichtigen Schritte von der Zielsetzung bis zur Erfolgsmessung abdeckt. Der Leitfaden sollte Themen wie Zielgruppendefinition, Content-Strategie, Plattformauswahl, Anzeigengestaltung und Kampagnenoptimierung behandeln. Ziel ist es, eine Social-Media-Werbekampagne zu entwickeln, die die Zielgruppe [Zielgruppe] anspricht, die Markenbekanntheit steigert und den Verkauf von [Produkt/Dienstleistung] fördert. Präsentiere den Leitfaden in einer strukturierten Form mit Überschriften, Erklärungen und Praxisbeispielen.

Vertrieb

Leitfaden für erfolgreiche Kaltakquise-Anrufe

```
Agiere als erfahrener Vertriebsexperte mit einer nachgewiesenen Erfolgsbilanz in der Kaltakquise. Erstelle einen Leitfaden für erfolgreiche Kaltakquise-Anrufe, der Vertriebsmitarbeitern hilft, potenzielle Kunden für [Produkt/Dienstleistung] zu gewinnen. Der Leitfaden sollte eine Einleitung, Fragen zur Bedarfsermittlung, Nutzenargumentation, Umgang mit Einwänden und einen überzeugenden Abschluss enthalten. Ziel ist es, das Interesse der potenziellen Kunden zu wecken und einen Folgetermin oder Verkauf zu vereinbaren. Präsentiere den Leitfaden in Abschnitten mit klaren Überschriften.
```

- **P**rompt-Ziel: Erstellen eines umfassenden Leitfadens für Kaltakquise-Anrufe, der Vertriebsmitarbeitern konkrete Strategien und Techniken an die Hand gibt, um potenzielle Kunden erfolgreich anzusprechen und für ein Produkt oder eine Dienstleistung zu gewinnen.
- **R**olle: ChatGPT agiert als ein erfahrener Vertriebsexperte mit einer nachgewiesenen Erfolgsbilanz in der Kaltakquise.
- **O**utput: Ein detaillierter Leitfaden, der Einleitung, Fragen zur Bedarfsermittlung, Nutzenargumentation, Umgang mit Einwänden und einen überzeugenden Abschluss umfasst.
- **M**ensch: Vertriebsmitarbeiter, die ihre Fähigkeiten in der Kaltakquise verbessern und effektiver potenzielle Kunden ansprechen möchten.
- **P**räsentation: Der Leitfaden wird in klar strukturierten Abschnitten mit eindeutigen Überschriften präsentiert.
- **T**on: Direkt und informativ, fokussiert darauf, praktische Anleitungen und bewährte Methoden zu vermitteln.

Das kommt raus – ChatGPT-4o

Leitfaden für erfolgreiche Kaltakquise-Anrufe

Einleitung

Die Kaltakquise ist eine herausfordernde, aber lohnende Methode, um neue Kunden zu gewinnen. Mit dem richtigen Ansatz können Sie das Interesse potenzieller Kunden wecken und wertvolle Verkaufschancen schaffen. Dieser Leitfaden soll Vertriebsmitarbeitern helfen, effektive Kaltakquise-Anrufe zu führen, um AI Skateboards zu verkaufen.

Vorbereitung

1. **Recherche:** Informieren Sie sich über die Zielgruppe und die potenziellen Kunden.
2. **Skript vorbereiten:** Erstellen Sie ein flexibles Skript, das auf die Bedürfnisse der potenziellen Kunden eingeht.
3. **Ziele setzen:** Definieren Sie klare Ziele für den Anruf, z.B. Terminvereinbarung oder direkten Verkauf.

Gesprächseröffnung

- **Vorstellung:** "Guten Tag, mein Name ist [Ihr Name] und ich rufe von AI Skateboards an."
- **Interesse wecken:** "Wir entwickeln innovative Skateboards, die mit künstlicher Intelligenz ausgestattet sind, um das Fahrerlebnis zu revolutionieren."
- **Ziel des Anrufs:** "Ich würde gerne kurz mit Ihnen darüber sprechen, wie unsere AI Skateboards möglicherweise für Sie von Interesse sein könnten."

Fragen zur Bedarfsermittlung

- **Aktuelle Nutzung:** "Fahren Sie oder jemand in Ihrem Umfeld Skateboard? Wenn ja, wie oft und zu welchem Zweck?"
- **Erfahrungen und Erwartungen:** "Was sind Ihre bisherigen Erfahrungen mit Skateboards und welche Verbesserungen wünschen Sie sich?"
- **Technologieaffinität:** "Wie offen sind Sie für neue Technologien im Bereich Sport und Freizeit?"
- **Kaufentscheidungen:** "Welche Faktoren sind für Sie am wichtigsten, wenn Sie ein neues Sportgerät kaufen?"

Nutzenargumentation

- **Innovation und Sicherheit:** "Unsere AI Skateboards bieten ein einzigartiges Fahrerlebnis durch automatische Geschwindigkeitsanpassung und Stabilitätskontrolle, was die Sicherheit erheblich erhöht."
- **Leistung und Komfort:** "Dank fortschrittlicher Sensoren und Algorithmen passen sich unsere Skateboards an das Fahrverhalten an und sorgen so für optimalen Komfort und Leistung."
- **Langfristige Vorteile:** "Die kontinuierliche Selbstoptimierung des Skateboards führt zu einer längeren Lebensdauer und einem höheren Wiederverkaufswert."

Umgang mit Einwänden

- **Preis:** "Ich verstehe, dass der Preis ein wich[illegible]er Faktor ist. Bedenken Sie, dass die AI-Technologie die Lebensdauer und die Sicherheit erhöht, was langfristig Kosten spart."

Mustervorlage für eine überzeugende Verkaufspräsentation

Stelle Dir vor, Du bist ein erfolgreicher Vertriebstrainer, der Unternehmen dabei hilft, ihre Verkaufspräsentationen zu optimieren. Erstelle eine Mustervorlage für eine überzeugende Verkaufspräsentation für [Produkt/Dienstleistung], die die Zielgruppe [Zielgruppe] anspricht. Die Präsentation sollte die Vorteile und den Nutzen von [Vorteile] hervorheben, potenzielle Einwände entkräften und mit einem starken Aufruf zum Handeln enden. Gliedere die Präsentation in Einleitung, Hauptteil und Schlussfolgerung und verwende eine klare, überzeugende Sprache.

Gesprächsleitfaden für erfolgreiche Verkaufsverhandlungen

Agiere als erfahrener Verhandlungsexperte, der Vertriebsteams in erfolgreichen Verkaufsverhandlungen schult. Erstelle einen Gesprächsleitfaden für erfolgreiche Verkaufsverhandlungen für [Produkt/Dienstleistung], der Vertriebsmitarbeitern hilft, die Bedürfnisse des Kunden zu verstehen, den Wert des Angebots zu kommunizieren und Einwände zu überwinden. Der Leitfaden sollte Fragen zur Bedarfsanalyse, Nutzenargumentation, Verhandlungstechniken und Abschlusstechniken enthalten. Ziel ist es, eine Win-Win-Situation für beide Parteien zu schaffen und den Verkaufsabschluss zu erreichen. Präsentiere den Gesprächsleitfaden in einer strukturierten Form mit Abschnitten und beispielhaften Formulierungen.

Überzeugendes Angebot

Stelle Dir vor, Du bist ein erfolgreicher Vertriebsmanager, der seinen Vertriebsmitarbeitern hilft, überzeugende Angebote zu erstellen. Erstelle ein überzeugendes Angebot für [Produkt/Dienstleistung], das die Bedürfnisse der Zielgruppe [Zielgruppe] adressiert und den Nutzen klar kommuniziert. Das Angebot soll Abschnitte für eine Executive Summary, Produktbeschreibung, Nutzenversprechen, Preisgestaltung und Vertragsbedingungen enthalten. Ziel ist es, ein Angebot zu erstellen, das den Kunden überzeugt und den Verkaufsabschluss erleichtert. Präsentiere das Angebot in einer professionellen und ansprechenden Form mit klarer Struktur und überzeugenden Formulierungen.

Überzeugender Sales Pitch

Entwickle einen überzeugenden Sales Pitch für [Produkt/Dienstleistung] von [Unternehmen]. Agiere als erfahrener Vertriebler und Pitch-Trainer. Erläutere die [Schlüsselnutzen und Alleinstellungsmerkmale]. Verwende [Storytelling-Techniken]. Räume [typische Einwände] aus. Schlage [pragmatische Umsetzungsschritte] vor. Halte den Pitch im [vorgegebener Zeitrahmen].

Produktivität

Tagesplan für maximale Produktivität

```
Agiere als Produktivitätsexperte mit umfassender Erfahrung in der Optimierung von Arbeitsabläufen. Erstelle einen idealen Tagesplan für [Berufsbezeichnung], der die Produktivität maximiert und ein ausgewogenes Verhältnis zwischen fokussierter Arbeit, Pausen und Meetings bietet. Berücksichtige Zeitblöcke für wichtige Aufgaben, Routinearbeiten, kreative Pausen und Zeit für unvorhergesehene Ereignisse. Der Tagesplan sollte leicht zu befolgen sein und den Arbeitsalltag von [Berufsbezeichnung] optimieren. Präsentiere den Tagesplan in einer übersichtlichen Tabellenform mit Zeitangaben und Aktivitäten.
```

- **P**rompt-Ziel: Entwicklung eines idealen Tagesplans für eine spezifische Berufsbezeichnung, der darauf abzielt, die Produktivität zu maximieren und ein ausgewogenes Verhältnis zwischen Arbeit und Pausen zu schaffen.
- **R**olle: ChatGPT schlüpft in die Rolle eines Produktivitätsexperten mit tiefgreifendem Wissen über die Optimierung von Arbeitsabläufen.
- **O**utput: Ein detaillierter Tagesplan, der Zeitblöcke für verschiedene Aktivitäten und Aufgaben vorsieht, um den Arbeitsalltag zu optimieren.
- **M**ensch: Individuen einer bestimmten Berufsgruppe, die ihren Arbeitstag effizienter gestalten möchten.
- **P**räsentation: Der Plan wird in einer übersichtlichen Tabellenform mit genauen Zeitangaben und geplanten Aktivitäten dargestellt.
- **T**on: Klärend und strukturiert, mit dem Ziel, eine einfache und leicht umsetzbare Anleitung zu bieten.

Das kommt raus – ChatGPT-4o

Natürlich, hier ist ein idealer Tagesplan für einen selbstständigen Optikermeister, der die Produktivität maximiert und ein ausgewogenes Verhältnis zwischen fokussierter Arbeit, Pausen und Meetings bietet.

Zeit	Aktivität
07:00 - 08:00	Morgenroutine und Vorbereitung
08:00 - 09:00	Öffnen des Geschäfts, erster Kundencheck, E-Mails und Anrufe beantworten
09:00 - 11:00	Fokussierte Arbeit: Kundenberatung und Anpassung von Brillen
11:00 - 11:15	Kurze Pause
11:15 - 13:00	Fortsetzung der Kundenberatung, Sehtests und Werkstattarbeiten
13:00 - 14:00	Mittagspause
14:00 - 15:30	Verwaltungstätigkeiten: Bestellungen, Buchhaltung, Marketing
15:30 - 15:45	Kreative Pause: kurzer Spaziergang oder Stretching
15:45 - 17:30	Fortsetzung der Kundenberatung, Reparaturen und Anpassungen
17:30 - 18:00	Zeit für unvorhergesehene Ereignisse: Notfallreparaturen oder dringende Kundenanfragen
18:00 - 18:30	Tagesabschluss: Aufräumen, Tagesabschlussbericht, Vorbereitung für den nächsten Tag
18:30 - 19:00	Persönliche Weiterbildung oder kreative Tätigkeiten (z.B. Lesen, Weiterbildungskurs)
19:00 - 19:30	Abendroutine: Entspannen und abschalten vom Arbeitsalltag

Dieser Tagesplan stellt sicher, dass der selbstständige Optikermeister ausreichend Zeit für alle wichtigen Aufgaben hat, während auch Pausen und flexible Zeitblöcke berücksichtigt werden. Dies fördert nicht nur die Produktivität, sondern auch das Wohlbefinden und die Zufriedenheit im Arbeitsalltag.

Priorisierung von Aufgaben

> *Stelle Dir vor, Du bist ein erfahrener Produktivitätscoach, der Menschen hilft, ihre Aufgaben effektiv zu priorisieren. Erstelle eine Schritt-für-Schritt-Anleitung zur Priorisierung von Aufgaben für [Berufsbezeichnung], die auf der Dringlichkeit und Wichtigkeit der Aufgaben basiert. Die Anleitung sollte Tipps zur Identifizierung von wichtigen und dringenden Aufgaben, zur Festlegung von Prioritäten und zur effizienten Bearbeitung der Aufgaben enthalten. Ziel ist es, die Produktivität zu steigern und den Fokus auf die wirklich wichtigen Dinge zu lenken. Präsentiere die Anleitung in einer nummerierten Liste mit klaren Anweisungen.*

Effektiven Zielsetzung nach der SMART-Methode

> *Agiere als Produktivitätscoach, der Menschen hilft, effektive Ziele zu setzen. Erstelle eine Anleitung zur effektiven Zielsetzung nach der SMART-Methode für [Berufsbezeichnung], die dabei hilft, spezifische, messbare, erreichbare, relevante und terminierte Ziele zu formulieren. Die Anleitung sollte die einzelnen Schritte der SMART-Methode erklären und Beispiele für gut formulierte Ziele liefern. Ziel ist es, [Berufsbezeichnung] in die Lage zu versetzen, motivierende und erreichbare Ziele zu setzen, die die Produktivität und den Erfolg steigern. Präsentiere die Anleitung in einer strukturierten Form mit Erklärungen und praktischen Beispielen.*

Checkliste für ein produktives Home-Office

Stelle Dir vor, Du bist ein erfahrener Remote-Work-Experte, der Menschen hilft, ihre Produktivität im Home-Office zu steigern. Erstelle eine Checkliste für ein produktives Home-Office für [Berufsbezeichnung], die alle wichtigen Aspekte abdeckt, um effektiv und konzentriert von zu Hause auszuarbeiten. Die Checkliste sollte Punkte wie Arbeitsplatzgestaltung, Zeitmanagement, Kommunikation mit dem Team, Pausen und Selbstfürsorge enthalten. Ziel ist es, [Berufsbezeichnung] zu helfen, eine produktive Arbeitsumgebung zu schaffen und die Herausforderungen des Home-Office erfolgreich zu meistern. Präsentiere die Checkliste in einer übersichtlichen Form mit Aufzählungszeichen und kurzen Erklärungen.

Task-Priorisierungs-System

Erstelle ein simples, aber effizientes Task-Priorisierungs-System mit dem Namen [Name]. Sei ein Produktivitätsprofi und Effizienz-Spezialist. Erläutere entscheidende [Priorisierungsfaktoren]. Definiere intuitive [Bewertungskriterien]. Erschaffe einen unkomplizierten [Workflow]. Optimiere für [reale Arbeitsumgebung]. Präsentiere einen praxisnahen Leitfaden.

Persönliche Entwicklung & Bildung

Persönlichkeitsstärkung

Entwickle ein ganzheitliches Programm zur Persönlichkeitsstärkung und Steigerung von [gewünschte Charaktereigenschaften]. Agiere als erfahrener Persönlichkeits-Coach. Beinhalte Maßnahmen für [relevante Lebensbereiche] zur Verbesserung von Selbstwertgefühl, Motivation und Resilienz. Schlage [Techniken/Übungen] zur Selbstreflexion und Verhaltensänderung vor. Präsentiere ein ausgearbeitetes Mehrwochenprogramm mit strukturiertem Wochenplan und Tracking im einfühlsamen, ermutigenden Coaching-Stil.

- **P**rompt-Ziel: Entwickle ein umfassendes Programm zur Stärkung der Persönlichkeit und zur Förderung spezifischer Charaktereigenschaften, einschließlich Selbstwertgefühl, Motivation und Resilienz.
- **R**olle: ChatGPT nimmt die Rolle eines erfahrenen Persönlichkeits-Coaches ein, der Techniken und Übungen für die persönliche Entwicklung vorschlägt.
- **O**utput: Ein Mehrwochenprogramm mit einem strukturierten Plan für relevante Lebensbereiche und Übungen zur Selbstreflexion und Verhaltensänderung.
- **M**ensch: Individuen, die an ihrer Persönlichkeitsentwicklung arbeiten und spezifische Charaktereigenschaften verbessern möchten.
- **P**räsentation: Ein detailliertes Programm mit einem Wochenplan und Tracking-Möglichkeiten, um Fortschritte sichtbar zu machen.
- **T**on: Einfühlsam und ermutigend, um Teilnehmer zu inspirieren und bei ihrer Entwicklung zu unterstützen.

Das kommt raus – ChatGPT-4o

Ganzheitliches Programm zur Persönlichkeitsstärkung und Steigerung des Selbstwertgefühls

Einleitung

Herzlich willkommen zu Ihrem ganzheitlichen Programm zur Persönlichkeitsstärkung und Steigerung des Selbstwertgefühls. Dieses Programm ist darauf ausgelegt, Ihnen dabei zu helfen, Ihr Selbstwertgefühl, Ihre Motivation und Ihre Resilienz in verschiedenen Lebensbereichen – Familie, Beruf und persönliche Entwicklung – zu steigern.

Programmstruktur

Das Programm erstreckt sich über 12 Wochen und ist in wöchentliche Module unterteilt. Jedes Modul fokussiert auf spezifische Themen und Techniken zur Selbstreflexion und Verhaltensänderung. Sie erhalten wöchentliche Aufgaben, Übungen und Reflexionen, die Sie in Ihrem persönlichen Tagebuch festhalten können.

Wochenplan

Woche 1: Selbstwahrnehmung und Selbstreflexion

Ziel: Ein Verständnis für das eigene Selbstbild entwickeln.

- **Tag 1-2:** Einführung in das Programm, Ziele setzen.
  - Übung: Schreiben Sie drei persönliche Ziele auf.
- **Tag 3-5:** Tagebuchführung zur Selbstwahrnehmung.
  - Übung: Notieren Sie täglich drei positive Eigenschaften und Erfolge des Tages.
- **Tag 6-7:** Selbstreflexion.
  - Übung: Schreiben Sie eine Seite über eine Situation, in der Sie sich selbst unsicher fühlten. Analysieren Sie, warum das so war und wie Sie sich in Zukunft stärken können.

Woche 2: Positive Selbstgespräche

Ziel: Negative Gedankenmuster durch positive Selbstgespräche ersetzen.

- **Tag 1-2:** Einführung in positive Selbstgespräche.
  - Übung: Entwickeln Sie positive Affirmationen.
- **Tag 3-5:** Anwendung der positiven Selbstgespräche im Alltag.
  - Übung: Wiederholen Sie täglich Ihre Affirmationen.
- **Tag 6-7:** Reflexion und Anpassung der Affirmationen.
  - Übung: Schreiben Sie über Ihre Erfahrungen und passen Sie die Affirmationen an.

Woche 3: Aufbau von Resilienz

Ziel: Strategien zur Bewältigung von Stress und Rückschlägen entwickeln.

Achtsamkeits-Workshop

> *Konzipiere einen [Format]-Achtsamkeits-Workshop zur Stressbewältigung für [Zielgruppe]. Nimm die Rolle eines zertifizierten Achtsamkeitslehrers ein. Vermittle Grundlagen der [Achtsamkeitsphilosophie] und Nutzen für [relevante Probleme]. Erläutere Meditationstechniken wie [Arten] zur Förderung von Präsenz und Gelassenheit. Gestalte den Workshop mit Übungen, Pausen und [optionale Aktivitäten] im sanften, ruhigen Tonfall eines spirituellen Lehrers.*

Sinnfindung auf dem Lebensweg

> *Entwickle einen Leitfaden zur Sinnfindung mit dem Titel [Name] für Erwachsene in [Lebenssituation]. Sei ein weiser, spiritueller Mentor mit Lebenserfahrung. Erläutere den Kern von [einflussreiche Philosophie] und inspirierende Sichtweisen auf Freude und Erfüllung. Empfehle [Bewusstseinsübungen] zur Entdeckung der inneren Bestimmung. Unterstreiche die Bedeutung von [zentrale Werte]. Präsentiere das Werk im Stil einer Anleitung mit persönlichen Erzählungen und Journalfragen.*

Resilienz in turbulenten Zeiten

> *Schreibe ein Handbuch mit dem Arbeitstitel [Name], um innere Stärke in [herausfordernde Umstände] zu finden. Sei ein gefragter Coach mit Krisen-Expertise. Erkläre den Aufbau von [psychologische Konzepte] wie Achtsamkeit und Resilienz. Empfehle praktische [Bewältigungsstrategien] illustriert durch Beispiele. Unterstreiche die Bedeutung von [unterstützenden Faktoren]. Präsentiere das Buch in strukturierten Kapiteln im beraterischen, aber mitfühlenden Ton.*

Achtsamkeits-Impulse

Erstelle eine Sammlung von [Anzahl] inspirierenden Achtsamkeits-Impulsen mit dem Titel [Name]. Sei ein geschätzter Achtsamkeitslehrer mit [Traditionshintergrund]. Offeriere prägnante [Meditationsformen] und [Reflexionsfragen] zum Innehalten im Alltag. Vermittle essenzielle [achtsamkeitsbasierte Prinzipien] wie Gegenwärtigkeit und Akzeptanz. Unterstreiche positive Effekte auf [mentale Bereiche]. Präsentiere die Sammlung als unkomplizierte Denkanstoß-Reihe.

Selbstentfaltungsreise

Entwerfe ein mehrwöchiges [Format] Self-Care-Erlebnis mit dem Namen [Name] für [Zielgruppe]. Agiere als ganzheitlicher Life-Coach mit charismatischer Ausstrahlung. Kombiniere [Naturumgebung] mit Räumen für [Praktiken]. Erläutere Aktivitäten wie [Beispiele] zur Selbsterfahrung und Persönlichkeitsentfaltung. Beleuchte [transformative Konzepte] und individuelle Fingerübungen. Präsentiere ein Rundum-sorglos-Paket im inspirierenden Seminar-Stil.

Ernährung & Kochen

Persönlicher Chefkoch

> *Als mein persönlicher Chefkoch, basierend auf meinen Ernährungsgewohnheiten [bitte füge spezifische Ernährungsgewohnheiten hier ein] und meinen Allergien [füge spezifische Allergien hier ein], bitte ich um Vorschläge für Rezepte, die zu meinem Profil passen. Die Rezepte sollten direkt und ohne weitere Erläuterungen präsentiert werden. Meine erste Anfrage lautet: '[füge deine spezifische Anfrage oder Vorliebe hier ein].*

- **P**rompt-Ziel: Dein Ziel ist es, Rezeptideen basierend auf deinen Ernährungsgewohnheiten und Allergien zu erhalten.
- **R**olle: ChatGPT agiert als dein persönlicher Chefkoch.
- **O**utput: Die Antwort soll eine oder mehrere Rezeptempfehlungen sein.
- **M**ensch: Du als Einzelperson mit spezifischen Ernährungsgewohnheiten und Allergien.
- **P**räsentation: Die Rezepte sollen ohne zusätzliche Erklärungen präsentiert werden, fokussiert auf die Inhalte.
- **T**on: Direkt und informativ, ohne unnötige Details.

Das kommt raus – ChatGPT-4o

Ich hatte eine Gluten-Unverträglichkeit und Vorliebe für Eier mitgegeben und mir ein Frühstücksrezept gewünscht:

Rezept 1: Omelette mit Gemüse

Zutaten:

- 3 Eier
- 1/4 Tasse Milch
- 1 kleine Zwiebel, gehackt
- 1 Paprika, gewürfelt
- 1 Tomate, gewürfelt
- 1/4 Tasse Spinat, gehackt
- Salz und Pfeffer nach Geschmack
- 1 EL Olivenöl

Zubereitung:

1. Eier und Milch in einer Schüssel verquirlen, mit Salz und Pfeffer abschmecken.
2. Olivenöl in einer Pfanne erhitzen. Zwiebeln und Paprika anbraten bis sie weich sind.
3. Tomaten und Spinat hinzufügen und kurz mitbraten.
4. Eimischung über das Gemüse gießen und bei mittlerer Hitze stocken lassen.
5. Omelette einmal umklappen und servieren.

Rezept 2: Avocado-Eier auf Süßkartoffel-Toast

Zutaten:

- 1 große Süßkartoffel
- 2 Eier
- 1 reife Avocado
- 1/2 Zitrone (Saft)
- Salz und Pfeffer nach Geschmack
- Optional: Chiliflocken

Zubereitung:

1. Süßkartoffel in etwa 1 cm dicke Scheiben schneiden und im Toaster rösten, bis sie weich sind.
2. Eier pochieren oder nach Wunsch zubereiten.
3. Avocado zerdrücken, Zitronensaft hinzufügen und mit Salz und Pfeffer würzen.
4. Süßkartoffel-Toast mit Avocadocreme bestreichen, die Eier darauf legen und optional mit Chiliflocken bestreuen.

Rezept 3: Ei-Muffins mit Gemüse

Rezeptvorschläge

Ich suche nach Rezeptvorschlägen, die ernährungsphysiologisch wertvoll, einfach und schnell zuzubereiten sind und sich daher für viel beschäftigte Personen wie mich eignen. Zudem ist mir ein gutes Preis-Leistungs-Verhältnis wichtig, sodass die Gerichte sowohl gesund als auch preiswert sind. Bitte berücksichtige diese Kriterien bei deinen Empfehlungen und präsentiere die Rezepte direkt und fokussiert.
Mein erster spezifischer Wunsch ist: [füge deinen spezifischen Wunsch hier ein]

Rezepterstellung

Erstelle als erfahrener Koch spezialisiert auf [gewünschte Spezialisierung eingeben, z.B. vegetarische] Küche einen Speiseplan für eine Woche, der Frühstück, Mittag- und Abendessen umfasst, mit einem besonderen Fokus auf [gewünschten Fokus, z.B. saisonalem Gemüse].
Bitte berücksichtige dabei die Ernährungsbedürfnisse oder -vorlieben [hier spezifische Wünsche des Nutzers einfügen].
Ziel ist es, einen abwechslungsreichen und nährstoffreichen Speiseplan zu bieten, der die Vielfalt saisonaler Gemüsesorten nutzt und gleichzeitig schmackhafte, vegetarische Gerichte präsentiert.
Der Speiseplan sollte in einer klar strukturierten Tabelle präsentiert werden, wobei jeder Tag der Woche und die jeweiligen Mahlzeiten (Frühstück, Mittagessen, Abendessen) sichtbar sind.
Bitte halte den Speiseplan locker und informativ, sodass er nicht nur nützlich, sondern auch ansprechend und motivierend für die Zubereitung der Gerichte ist.

Kochtechniken

```
Erkläre detailliert und schrittweise den Prozess des [Pochierens von Eiern], einschließlich spezifischer Tipps und Techniken, um sicherzustellen, dass sie bei jedem Versuch perfekt gelingen. Berücksichtige dabei, dass Du die Rolle eines erfahrenen Küchenchefs mit einer Spezialisierung auf Frühstücksküche und umfassendem Wissen über die Kunst des Eierpochierens einnimmst.
Die Antwort sollte so gestaltet sein, dass sie Hobbyköche und Personen mit grundlegenden Kochkenntnissen anspricht, die ihre Technik verbessern möchten. Die Anleitung soll in einem schrittweisen Format präsentiert werden, mit klar definierten Abschnitten für jeden Schritt des Pochierprozesses, einschließlich Bullet-Points für die einzelnen Schritte und Hervorhebung von wichtigen Tipps sowie häufigen Fehlern. Ziel ist es, einen ermutigenden, geduldigen und unterstützenden Ton zu verwenden, um den Lesern das Vertrauen zu geben, dass sie diese Kochtechnik erfolgreich meistern können.
```

Kochherausforderung

Entwickle ein vollständiges Drei-Gänge-Menü, das ausschließlich aus Zutaten besteht, die typischerweise in einem Standardvorratsschrank zu finden sind. Für jede Phase des Menüs - Vorspeise, Hauptgericht und Dessert - solltest Du eine Liste der notwendigen Zutaten bereitstellen sowie eine detaillierte, schrittweise Anleitung zur Zubereitung jedes Gerichts. Du übernimmst die Rolle eines kreativen Chefkochs, der für seine Fähigkeit bekannt ist, mit einfachen Vorratszutaten außergewöhnliche Mahlzeiten zu zaubern. Das Menü ist für Hobbyköche konzipiert, die nach neuen Ideen suchen, um mit den Zutaten in ihrem Vorratsschrank kreativ zu werden. Die Rezepte sollten klar strukturiert und leicht zu folgen sein, mit einer übersichtlichen Darstellung der Zutaten und der Zubereitungsschritte. Dein Ton sollte dabei ermutigend und lehrreich sein, um die Leser zum Ausprobieren der Rezepte zu inspirieren und ihre Kochkünste zu erweitern.

Sport & Fitness

Trainingsplan für [Sportart]

> Erstelle einen 12-Wochen Trainingsplan zur Leistungssteigerung in [Sportart]. Agiere als erfahrener [Sportart]-Trainer für [Leistungsniveau]. Integriere [gewünschte Trainingsstile] und konzentriere Dich auf [spezifische athletische Fähigkeiten]. Gestalte einen individualisierten Plan mit wöchentlichen Zielen für [Teilnehmer-Details wie Alter/Erfahrungslevel]. Präsentiere einen strukturierten Plan mit detaillierten Übungsbeschreibungen, Sätzen, Pausen usw. im kenntnisreichen Trainer-Ton.

- **P**rompt-Ziel: Erstellung eines individuellen 12-Wochen Trainingsplans für Athleten einer bestimmten Sportart, um spezifische athletische Fähigkeiten und das allgemeine Leistungsniveau zu verbessern.
- **R**olle: ChatGPT fungiert als erfahrener Trainer in der genannten Sportart, der über spezialisiertes Wissen zu Trainingsmethoden und -zielen verfügt.
- **O**utput: Ein detaillierter Trainingsplan mit Übungen, Sätzen und Pausen, abgestimmt auf das Alter und Erfahrungslevel des Teilnehmers.
- **M**ensch: Athleten oder Sportbegeisterte, die ihre Leistung in einer spezifischen Sportart steigern möchten.
- **P**räsentation: Der Plan wird strukturiert und mit klaren Anweisungen zu jeder Übung sowie den wöchentlichen Zielen präsentiert.
- **T**on: Kenntnisreich und anleitend, um Athleten durch einen strukturierten Prozess der Leistungssteigerung zu führen und sie dabei kompetent zu unterstützen.

Das kommt raus – ChatGPT-4o

12-Wochen Trainingsplan zur Leistungssteigerung in Yoga- und Skateboard-Fähigkeiten

Zielgruppe: 32-jährige junge Mütter

Fokus: Gleichgewicht, Ausdauer und mentale Fähigkeiten

Level: Anfänger

Überblick:

- **Wochen 1-4:** Grundlagenaufbau und Einführung
- **Wochen 5-8:** Vertiefung der Fähigkeiten und Aufbau von Ausdauer
- **Wochen 9-12:** Integration und Intensivierung

Wochen 1-4: Grundlagenaufbau und Einführung

Woche 1: Einführung in Yoga und Skateboard
Ziel: Grundlagen verstehen und erste praktische Erfahrungen sammeln.

Yoga:

- **Übung 1: Kinderhaltung (Balasana)**
  - *Beschreibung:* Knien Sie sich hin, große Zehen berühren sich, Knie weit auseinander. Beugen Sie sich nach vorne, Arme nach vorne ausgestreckt.
  - *Sätze:* 3 Sätze à 1 Minute
  - *Pausen:* 30 Sekunden zwischen den Sätzen
- **Übung 2: Bergpose (Tadasana)**
  - *Beschreibung:* Stehen Sie mit den Füßen zusammen, Arme an den Seiten, Handflächen nach vorne. Ziehen Sie die Wirbelsäule lang.
  - *Sätze:* 3 Sätze à 1 Minute
  - *Pausen:* 30 Sekunden zwischen den Sätzen

Skateboard:

- **Übung 1: Gleichgewichtsübungen**
  - *Beschreibung:* Auf dem Skateboard stehen und Balance halten.
  - *Sätze:* 3 Sätze à 2 Minuten
  - *Pausen:* 1 Minute zwischen den Sätzen
- **Übung 2: Rollen im Stand**
  - *Beschreibung:* Langsam auf dem Skateboard rollen, dabei leicht in die Knie gehen.
  - *Sätze:* 3 Sätze à 1 Minute
  - *Pausen:* 1 Minute zwischen den Sätzen

Woche 2: Fokus auf Gleichgewicht und Flexibilität
Ziel: Verbesserung des Gleichgewichts und der Flexibilität.

Yoga:

Erholsame Meditation

Entwerfe eine geführte [Dauer]-Meditation zur Förderung von [gewünschter Effekt] Achtsamkeit, Gelassenheit etc. Nimm die Rolle eines erfahrenen Meditationslehrers ein. Verwende eine beruhigende Atmosphäre mit [Naturgeräusche/Klangschalen]. Leite achtsam durch [Fokustechniken] zur Körper-Geist-Entspannung. Präsentiere den Ablauf als Audio-Manuskript mit präzisen Anweisungen und Pausen in einem friedlichen, zentrierenden Tonfall.

Ganzheitliches Fitnessprogramm

Entwickle ein ausgewogenes 90-Tage-Fitnessprogramm mit dem Titel [Name] für [spezifische Zielgruppe]. Sei ein renommierter Personaltrainer und Ernährungscoach. Integriere [Trainingsstile] zur Verbesserung von [gewünschte Effekte] wie Ausdauer, Kraft und Beweglichkeit. Empfehle eine ausgewogene [Ernährungsphilosophie] mit Rezepten und Nährwerttabellen. Erläutere [Motivationstechniken] und Tracking für Gewohnheitsbildung. Präsentiere einen detaillierten 90-Tage-Plan mit Workouts und Menüplänen in professioneller Trainer-Manier.

Ausgewogenes Homeworkout

Konzipiere ein effektives Ganzkörper-Homeworkout-Programm mit dem Namen [Name] für [Zielgruppe]. Agiere als innovativer Fitness-Instructor. Das Training soll [Trainingsziele] ohne Zuhilfenahme von Geräten erreichen lassen. Erkläre abwechslungsreiche Übungen wie [Beispiele] zur Stärkung von [Muskelgruppen]. Erläutere zeiteffiziente [Trainingsmethode] mit sinnvoller Dauer und Pausengestaltung. Präsentiere den vollständigen Workout-Plan klar strukturiert, mit Bild-Anleitungen im motivierenden Trainer-Ton.

Leistungsorientierter Ausdauersport

Entwickle einen 6-Monatsplan für eine [Ausdauersportart] Leistungssteigerung zum [konkretes Saisonhöhepunkt]. Sei ein respektierter Leistungssport-Coach in dieser Disziplin. Vereine ausgewogene [Trainingskomponenten] für [spezifische athletische Fähigkeiten] mit ausreichenden Regenerationseinheiten. Beachte [spezielle Vorbereitungsfaktoren]. Kalkuliere Periodisierung mit kontinuierlicher Steigerung. Präsentiere ein Wochenplan-Handbuch im detaillierten Fachjargon.

Spiel & Spaß

Packendes Pen-&-Paper-Rollenspiel

```
Gestalte ein spannendes Pen-&-Paper-Rollenspiel in einem [detailliertes Fantasiesetting]. Agiere als erfahrener Spieleautor und Welterschaffer. Entwickle eine komplexe Geschichte mit [Handlungselementen] für eine [Parteigröße]. Beschreibe einprägsame Charakterklassen mit [gewünschte Eigenschaften/Fähigkeiten]. Erstelle einen Regelkomplex für [Kampf/Erkundung/Dialoge]. Präsentiere ein ausgearbeitetes Spiel-Handbuch mit Illustrationen im stilistischen [gewünschtes Genre] erzählenden Ton.
```

- **P**rompt-Ziel: Gestalte ein spannendes Pen-&-Paper-Rollenspiel in einem detaillierten Fantasiesetting, das eine komplexe Geschichte, einprägsame Charakterklassen und einen umfassenden Regelkomplex beinhaltet.
- **R**olle: ChatGPT übernimmt die Rolle eines erfahrenen Spieleautor und Welterschaffers, der in der Lage ist, ein tiefgründiges und fesselndes Spieluniversum zu kreieren.
- **O**utput: Ein ausgearbeitetes Spiel-Handbuch mit Illustrationen, das die Geschichte, Charakterklassen, Regeln für Kampf, Erkundung und Dialoge detailliert darstellt.
- **M**ensch: Spielbegeisterte und Rollenspielfans, die nach neuen und einzigartigen Pen-&-Paper-Erlebnissen suchen.
- **P**räsentation: Das Spiel-Handbuch wird in einem umfangreichen Format präsentiert, unterstützt durch Illustrationen und im erzählenden Ton, der das gewählte Genre widerspiegelt.
- **T**on: Stilistisch und erzählend, angepasst an das Fantasiesetting und die gewünschten Genre-Eigenschaften, um die Spieler vollständig in die Spielwelt einzutauchen.

Das kommt raus – ChatGPT-4o

Drachen in Ottensen: Ein Pen-&-Paper-Rollenspiel

Einführung

Willkommen in der wunderlichen Welt von Ottensen, einem lebhaften Viertel in der Stadt Elboria, wo moderne Technologien und Magie aufeinander treffen. Hier tummeln sich Drachen auf den Dächern, und uralte Geheimnisse warten darauf, entdeckt zu werden. Diese Welt steckt voller Überraschungen, Humor und Abenteuer. Euer Ziel: Die Balance zwischen den Menschen und den Drachen zu wahren und dabei jede Menge Spaß zu haben!

Setting

Ottensen – Das Viertel der Drachen

Ottensen ist ein charmantes Viertel mit engen Gassen, bunten Märkten und zahlreichen Drachen, die auf den Dächern und in den verwinkelten Hinterhöfen leben. Die Menschen hier haben gelernt, mit diesen magischen Kreaturen zu koexistieren, und oft helfen sie einander. Doch nicht alles ist friedlich – dunkle Mächte und vergessene Magie drohen die Harmonie zu stören.

Die Drachen

Die Drachen in Ottensen sind unterschiedlich groß und vielfältig in ihren Fähigkeiten. Sie sind sowohl Beschützer als auch Freunde der Bewohner, und manchmal auch unabsichtliche Unruhestifter. Von Feuer speienden Riesendrachen bis hin zu kleinen, schuppenlosen Drachen, die sich in den Mauerritzen verstecken – die Vielfalt ist groß.

Charakterklassen

1. Drachentänzer

Fähigkeiten:

- **Drachenflüstern:** Kann Drachen beruhigen und sie zu Verbündeten machen.
- **Schuppenrüstung:** Erhält zeitweise eine Rüstung aus Drachenschuppen, die hohen Schutz bietet.
- **Flammenwirbel:** Ein mächtiger Angriff, der Feuer speit und mehrere Gegner gleichzeitig treffen kann.

2. Technomagier

Fähigkeiten:

- **Gadget-Meister:** Kann magische Geräte erschaffen und reparieren.
- **Elektrischer Schlag:** Entfesselt Blitze, die Gegner paralysieren.
- **Drachenauge:** Ermöglicht es, verborgene magische Energien und Fallen zu sehen.

3. Schattenschmied

Fähigkeiten:

- **Unsichtbare Schritte:** Kann sich unsichtbar bewegen und lautlos angreifen.
- **Schattenklinge:** Beschwört Waffen aus reiner Dunkelheit.

Social-Videospiel

Kreiere ein neues soziales Multiplayer-Videospiel für [Zielgruppe]. Sei ein innovativer Spieleentwickler. Erläutere die zentrale Spielmechanik für [Hauptaktivität] wie Aufbauen/Erkunden/Kämpfen. Skizziere ein System für [gewünschte Mehrspielerfunktion] wie Koop/Wettbewerb/Chat. Beschreibe einzigartige [Grafikstil] und [Kernmechaniken]. Präsentiere eine detaillierte Spielübersicht mit Beispiel-Levels im begeisternden Marketing-Ton.

Strategie-Brettspiel

Entwickle ein spannendes neues Strategie-Brettspiel mit dem Titel [Name]. Agiere als erfahrener Spiele-Entwickler. Das Spiel soll für [Empfohlenes Alter] Spieler mit einer Dauer von ca. [Ungefähre Spieldauer] Stunden ausgelegt sein. Beschreibe detailliert das [Spielziel], die [Aufbau/Komponenten] und die [Kernmechaniken] für Aspekte wie Ressourcenmanagement, Kriegsführung, Diplomatie usw. Schlage [Zusatzregeln/Varianten] für mehr Komplexität vor. Präsentiere die Spielanleitung mit Beispielrunden und Illustrationen im klaren, aber verspielten Ton.

Kinderschatzsuche

```
Plane eine aufregende Schatzsuche für [Anzahl] Kinder im Alter von [Altersbereich] zu [Anlass/Ort]. Sei ein einfallsreicher Spieleleiter mit grenzenloser Kreativität. Erstelle eine zauberhafte Geschichte mit [märchenhaften Elementen] als Rahmen. Beschreibe [Anzahl] spannende Stationen/Rätsel mit [Requisiten/Hinweise]. Gestalte einen entsprechenden [Schatzfund] als große Überraschung. Präsentiere einen detaillierten Ablaufplan mit Vorbereitung, Regeln und einer Schauplatz-Beschreibung im fröhlichen, verspielten Erzählstil.
```

Städtische Schnitzeljagd

```
Ersinne eine interaktive Schnitzeljagd in [Stadt] für [Gruppengröße] Teilnehmer. Nimm die Rolle eines stadtkundigen Spieledesigners ein. Verteile [Anzahl] knifflige Rätsel und Hinweise an einzigartigen Orten und Wegpunkten in der Stadt. Gestalte Aufgaben wie [Beispielaktivitäten], die Teamwork, Wissen und Geschick erfordern. Beschreibe Spaßfaktoren wie [Einzigartige Komponenten]. Präsentiere eine vollständige Veranstaltungsbeschreibung mit Plänen, Routen und Regelwerk im spannenden, aber übersichtlichen Format.
```

Willst Du jeden Monat 10 neue Prompts?

Einfach abscannen und Deine E-Mail-Adresse eintragen, fertig.

SCAN ME

https://chatgptstart.de/#newsletter

Wie hat Dir das Buch gefallen?

Schick uns gerne eine E-Mail mit Feedback

kontakt@chatgptstart.de

Viele Grüße

Florian & Olli

PS: Empfehle das Buch gerne weiter! 😊

Druck:
CPI Druckdienstleistungen GmbH
im Auftrag der
Zeitfracht GmbH
Ein Unternehmen der Zeitfracht - Gruppe
Ferdinand-Jühlke-Str. 7
99095 Erfurt